在学徒岗位调研

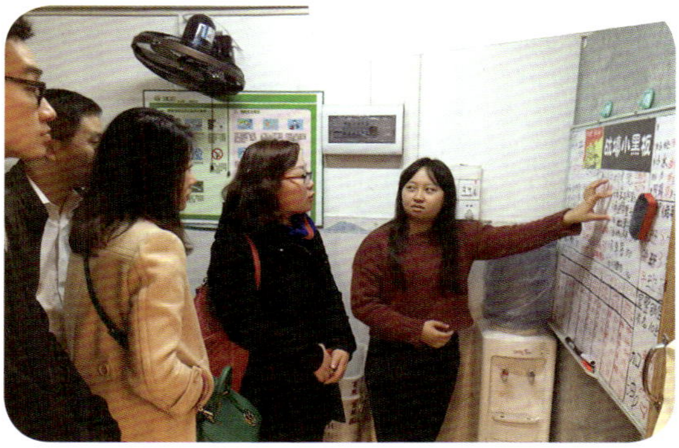

在学徒门店调研

对学徒门店师傅问卷调研

在东莞商业学校调研

在无锡商业职业技术学院调研

在浙江广厦建设职业技术学院调研

在现代学徒制联合培养企业百果园公司调研

第一批现代学徒制校企生座谈与调研

百果园学院人才培养与专业建设研讨会

课程体系构建研讨会

职业店长从业资格标准研讨会

店长职业教育集团发布专业教学标准征求意见

现 代 职 业 教 育 标 准 体 系 建 设 系 列 丛 书

现代学徒制专业教学标准和课程标准：
市场营销专业（高职）

XIANDAI XUETUZHI ZHUANYE JIAOXUE BIAOZHUN HE KECHENG BIAOZHUN：
SHICHANG YINGXIAO ZHUANYE（GAOZHI）

广 东 省 教 育 厅
广东省教育研究院 编

广东高等教育出版社
Guangdong Higher Education Press
·广州·

图书在版编目（CIP）数据

现代学徒制专业教学标准和课程标准：市场营销专业．高职/广东省教育厅，广东省教育研究院编．—广州：广东高等教育出版社，2019.9
（现代职业教育标准体系建设系列丛书）
ISBN 978－7－5361－6498－7

Ⅰ．①现…　Ⅱ．①广…　②广…　Ⅲ．①市场营销－高等职业教育－教学参考资料　Ⅳ．①G719.2

中国版本图书馆 CIP 数据核字（2019）第 102555 号

出版发行	广东高等教育出版社 地址：广州市天河区林和西横路 邮政编码：510500　电话：（020）87551597　87551163 http://www.gdgjs.com.cn
印　　刷	佛山市浩文彩色印刷有限公司
开　　本	787 毫米×1 092 毫米　1/16
印　　张	10.5
字　　数	245 千
版　　次	2019 年 9 月第 1 版
印　　次	2019 年 9 月第 1 次印刷
定　　价	30.00 元

序

2016年12月，教育部部长陈宝生在现代职业教育发展推进会上提出，职业教育要“香”“亮”“忙”“强”“活”“特”起来，加快推进职业教育现代化。“亮不亮，看质量”，职业教育“亮”起来，更多体现在职业教育质量上，而标准是质量的基础、依据与保证，是确保和提升我国职业教育质量水平所必需的。科学建立现代职业教育系列标准是擦亮职业教育品牌的关键，也是广东实施教育发展“十三五”规划、创建现代职业教育综合改革试点省、加快建设现代职业教育体系的重点领域和关键环节，其中专业教学标准和课程标准研制更是重中之重。这是由于现代职业教育改革发展的突破口之一在于研制标准，实现相关专业在人才培养的目标、课程体系、教材体系、教学安排、评价等方面规范严谨。标准研制是一项富有挑战性的工作，难度极大。值得欣慰的是，广东职业教育工作者通过长期的学习借鉴和创造实践，按照设计框架、构建标准、分级培养、衔接贯通的思路，找到了标准研制的可行路径与科学方法。专业教学标准和课程标准作为相关专业开展专业教学的基本文件，是明确专业培养目标和规格、加强专业建设、构建课程体系、开发教材和学习资源、组织实施教学和规范教学管理的基本依据，是评估教育教学质量的主要标尺，成为社会用人单位选用职业院校毕业生的重要参考。基于这样的认识和判断，广东省教育厅一直高度重视这项工作。

2013年至2015年，广东省教育厅分别启动三批74个中高职衔接、高职本科衔接以及现代学徒制的专业教学标准和课程标准研制，在广东省教育研究院的组织指导下，在中职学校、高职院校、应用型本科院校和行业企业的共同努力下，68个项目成果于2018年8月通过了省级验收，成果已陆续出版，产生了很好的效果。现在展现在读者面前的是系列现代学徒制专业教学标准和课程标准。我由衷地为研制标准而付出辛勤劳动、取得显著成绩的各有关方面特别是直接参与研制的全体工作人员点赞。我期望，各职业院校和各行各业能认真学习领会、积极贯彻实施标准成果，在参照执行过程中多提建设性意见和建议，共同完善标准，为加快推进产教融合、校企合作，推动建立健全广东现代职业教育标准体系做出应有贡献！

是为序。

广东省教育研究院
院长、党委书记

2018 年 8 月

前 言

按照《国务院关于加快发展现代职业教育的决定》和《教育部关于开展现代学徒制试点工作的意见》，2015 年，教育部遴选确定了 165 家首批现代学徒制试点单位。广州番禺职业技术学院市场营销专业作为首批试点专业之一，2015 年实现首届招生 44 人；2016 年招生 103 人；2017 年招生 123 人；2018 年同时与三家企业开展现代学徒制项目，共招生 157 人。通过现代学徒制人才培养模式，产教融合不断深化，人才培养质量也得到了大幅提升。

2015 年，广东省教育厅在国内率先启动 15 个现代学徒制试点专业的专业标准研制项目，希望通过现代学徒制专业标准的研制，建设基于典型工作过程的课程体系，开发基于工作岗位工作内容、融入国家职业资格标准的专业教学内容，逐步完善高职人才培养制度和标准，为现代学徒制试点工作的开展提供一定的支持。

本项目的研制经历了供需调研、职业能力分析、课程体系建构和标准编制四个阶段。在供需调研阶段，项目组通过文献资料查询、调查问卷、实地访谈、座谈会等形式展开工作，共查阅 298 篇有关现代学徒制的研究文献，从中筛选出 18 篇与市场营销教学标准相关的核心期刊文献进行专门研究，实地调研访谈了国内 20 多所中高职院校，分别向在校生、毕业生发放问卷 653 份，调研企业 63 家。对企业营销岗位技能人才的需求状况、本专业毕业生职业发展路径、毕业生和企业对学校人才培养的反馈以及企业对人才专业能力和职业素养的要求等方面进行了深入调研，获得了大量一手资料，了解到市场营销专业人才需求、人才成长路径和人才培养中存在的问题。在职业能力分析阶段，项目组召开了两场职业能力分析会，邀请了 18 位企业专家和资深营销人员，重点分析了专业的 4 个主要工作岗位。企业专家通过分析和研讨、会后归纳整理并参考相关职业资格标准，形成了职业能力汇总表，共分析出 31 项工作项目、118 项工作任务、519 项工作能力、13 项职业素养，60 条关键能力（职业通用能力）。在课程体系构建阶段，项目组召开了课程转换会，先后邀请了16位来自职业院校、经验丰富的营销领域资深从业人员、人力资源管理人员，参照能力分析总表和毕业生反馈，在广东省教育研究院教育专家的指导下，围绕专业培养目标、职业范围、人才培养规格、课程结构、课程内容及要求、教学安排、教学基本条件和教学实施建议等方面进行研讨，确定了二/三年制各6门专业技术技能课程和5门学徒岗位能力课程，构建了现代学徒制高职市场营销专业的课程体系。在标准编制阶段，项目组根据课程转换会研讨材料，召开了4次标准制定和审核会议，校企共有29位人员参与，分工负责课程标准研制工作，经过反复研讨和修改，制定了现代学徒制高职市场营销专业教学标准和11门课程标准。

本书由广州番禺职业技术学院阚雅玲教授、广州番禺职业技术学院市场营销专业教研室主任门洪亮、广东省教育研究院吴晶教授担任执行主编，负责全书的总纂。广州番禺职业技术学院谭福河、张晓青、杨问芝、李引霞、李霞、黄雪薇等教师，深圳百果园实业发展有限公司熊自先、刘飞、林兴溪等企业人员参与项目研制。在标准研制和本书编写过程中，项目组得到了广东省教育研究院专家和教师的悉心指导和帮助，在此表示衷心感谢！

由于产业不断升级、行业不断变化，市场对营销岗位工作的要求也在不断提升，岗位工作内容也需不断丰富和更新，职业教育的理念、方法和实现路径也需不断优化，因此专业教学标准和课程标准也应因时因需而变。为保障现代学徒制项目顺利开展，还需要制定和完善岗位标准、企业师傅标准、质量监控标准、学徒学业合格标准、学徒制教学管理制度等一系列标准。标准的研制是一个过程，今天研究的成果并不是标准研制的结束，而是进一步完善的开始。由于编者水平有限，难免有疏漏和不足之处，敬请读者和老师给予批评指正。

广东现代学徒制高职市场营销专业
教学标准和课程标准研制项目组
2018年9月

目　录

上篇　高职现代学徒制市场营销专业教学标准

下篇　高职现代学徒制市场营销专业课程标准

附　录

上　　篇
高职现代学徒制市场营销专业教学标准

一、专业名称及代码

市场营销（630701）。

二、招生对象

普通高中毕业生；高级中等教育学校毕业或具有同等学力者；中高职衔接转段考核合格的中职学校财经大类专业等相关专业的正式学籍学生。

三、基本学制与学历

（一）学制

全日制二年（面向中职学校财经大类专业学生，企业相关岗位员工，即有专业基础及工作经历）或全日制三年（面向普通高中毕业生）。

（二）学历

学习合格取得专科学历。

四、培养目标

本专业培养与我国社会主义现代化建设要求相适应，德、智、体、美、劳全面发展，面向商业流通等行业企业，既能从事商品/服务销售、门店运营管理、商业经营等工作，又能胜任商业零售行业学徒岗位工作，具备商圈调研与分析、消费行为分析、销售管理、门店运营管理、市场督导等职业能力，以及自主学习能力，在生产、建设、服务、管理第一线的发展型、复合型和创新型的技术技能人才。

五、培养方式

学校和企业联合招生、联合培养、一体化育人。职业院校承担系统的专业知识学习和技能训练；企业通过师傅带徒弟的形式，依据培养方案进行岗位技能训练，真正实现校企一体化育人。教学任务由学校导师和企业导师共同承担，形成“双导师”制。

六、职业范围

（一）职业生涯发展路径

高职现代学徒制市场营销专业职业生涯发展路径见表1－1。

表1－1 高职现代学徒制市场营销专业职业生涯发展路径

发展阶段	学徒岗位	就业岗位				学历层次	一般发展年限
		市场调研	客户服务	产品销售	营销策划		
Ⅶ		行业专家、企业高管				高职	毕业8年以上
Ⅵ		区域经理	区域经理	区域经理	策划经理	高职	毕业3～8年
Ⅴ		项目经理	客服经理	销售经理	策划主管	高职	毕业1～3年
Ⅳ		调研主管	客服主管	销售主管	策划专员	高职	学徒期18～24个月
Ⅲ	销售、调研、客服副主管/策划专员	—	—	—	—	高职	学徒期12～18个月
Ⅱ	销售、调研、客服部/组长/策划助理	—	—	—	—	高职	学徒期6～12个月
Ⅰ	销售员/调研员/客服员/策划助理	—	—	—	—	高职	学徒期1～6个月

注：1. “发展阶段”应依据国家、行业企业的有关规定以及调查分析确定，将职业发展分为若干个阶段，阶段数量因各专业的具体情况而不同。

2. “就业岗位”的分类仅供参考，各专业可以自行分类。

3. “学历层次”只是要明确高职对应的层次。

（二）面向职业范围

高职现代学徒制市场营销专业面向职业范围见表1－2。

表1－2　高职现代学徒制市场营销专业面向职业范围

序号	对应职业（岗位群）	学徒目标方向	职业资格证书举例
1	销售主管	销售主管/店长	助理营销师、通用管理能力证书
2	调研主管	调研主管	助理营销师、通用管理能力证书
3	客服主管	客服主管	客户服务管理师
4	策划专员	策划专员	助理营销师、通用管理能力证书

1. 销售主管/店长岗位

具有带领一支销售团队负责某一产品或服务的销售、管理能力，能较好地完成销售任务。

2. 调研主管岗位

具有带领一支调研团队独立地完成既定的调研项目及团队管理能力。

3. 客服主管岗位

具有带领一支客户服务团队完成相关的客户服务工作及团队管理的能力。

4. 策划专员

具有胜任市场策划方案的撰写、广告方案的撰写和编制，并有效地组织实施与监控的能力。

七、人才规格

1. 职业素养（见表1－3）

表1－3　职业素养

职业素养	合作企业要求举例
（1）职业规划 （2）沟通合作 （3）自我管理 （4）责任意识 （5）抗压能力	（1）有清晰的个人职业规划，努力提升自身 （2）善于沟通，表达能力强，人际关系得当 （3）自我学习、自我成长，能有效进行时间管理 （4）有责任心，能担当 （5）在压力情况下，保持相对轻松的心态

2. 专业能力（见表1－4）

表1－4 专业能力

专业能力	合作企业要求举例
（1）能认知行业企业 （2）能认识岗位角色 （3）能塑造职业形象 （4）掌握工作流程 （5）能进行面对面顾问式导购 （6）能处理好顾客异议 （7）能陈列与维护好商品 （8）会制订与实施促销计划 （9）能规划门店布局 （10）能开展门店运营管理 （11）能做好商圈分析 （12）能打造优秀运营团队 （13）能提升门店经营能力	（1）理解流通行业企业发展趋势及企业发展战略 （2）掌握零售门店不同岗位角色定位及工作内容 （3）根据门店所处商圈的具体情况，结合门店运营目标进行运营管理，完成门店的绩效目标

八、典型工作任务及职业能力分析

根据本专业零售行业职业店长目标岗位，项目组运用“二维四步五解”、头脑风暴、文献研究、问卷调查、案例研究等方法，开展行业企业专家研讨，获得14个典型工作任务，以及31个工作项目、118项工作任务、519条职业能力点。典型工作任务见表1－5，现代学徒制市场营销专业职业能力分析表见本书附录1。

表1－5 典型工作任务一览表

序号	典型工作任务	工作项目及职业能力要求	备注
1	行业企业认知	01 行业企业认知 02 岗位角色认知 03 熟悉工作环境 04 塑造职业形象	详见附录1
2	销售商品	05 营业前准备 06 营业中管理 07 营业后工作 08 做好导购准备 09 接触顾客 10 推介商品 12 达成交易 13 安排付款 14 结束送客	

续上表

序号	典型工作任务	工作项目及职业能力要求	备注
3	客户服务与管理	11　处理顾客异议 22　门店社群关系管理 23　门店服务管理 24　门店客源管理	详见附录 1
4	商品陈列与维护	15－01　利用陈列提升门店销售业绩 15－02　商品陈列的维护	
5	制订与实施促销计划	16－01　做好促销前准备 16－02　做好促销中的管控 16－03　做好促销后的总结	
6	门店布局与规划	18－01　门店布局 18－02　门店布局调整优化 18－03　实现门店布局诱导	
7	商品管理	19－01　确定门店商品组织结构 19－02　商品组合单品配置 19－03　评估商品品类 19－04　优化商品组合 19－05　商品价格管理 19－06　商品促销管理 19－07　商品订货管理 19－08　商品验收管理 19－09　商品库存管理 19－10　商品安全与防损	
8	门店销售管理	20－01　执行总部下达的销售计划 20－02　执行总部下达的促销计划和促销活动 20－03　掌握门店的销售动态 20－04　拓展销售途径 20－05　提升销售毛利 20－06　提升销售额 20－07　营造门店销售氛围	
9	门店人员管理	21－01　做好员工日常管理 21－02　招聘 21－03　分工 21－04　培训 21－05　考核	

续上表

序号	典型工作任务	工作项目及职业能力要求	备注
10	门店营销管理	25－01 了解市场 25－02 把握顾客需求 25－03 制定市场定位策略 25－04 制定营销组合策略 25－05 编制营销计划	详见附录1
11	商业模式选择	26－01 商业模式透视 26－02 商业模式选择 26－03 商业模式画布设计 26－04 打造样板店	
12	商圈与可行性分析	27 门店选址与商圈分析 28 门店投资开发可行性分析	
13	打造优秀团队	29－01 组建、优化团队 29－02 绩效管理 29－03 团队教练及辅导 29－04 员工满意度 29－05 打造优秀团队	
14	塑造门店特色文化	30－01 门店文化认知 30－02 门店文化设计 30－03 门店文化落地	
15	提升门店经营能力	31－01 门店经营数据分析与诊断 31－02 做好动态销管 31－03 市场督导与管理 31－04 门店创新 31－05 竞争战略	

九、课程结构

本专业的课程体系建构是根据人才培养目标来设定的，课程结构分为公共基础课程和专业课程两个模块，专业课程分为专业技术技能课程、学徒岗位能力课程、专业拓展课程三类。公共基础课程重在培养学生的文化基础知识和人文素养。专业技术技能课程是针对市场营销职业岗位（群）共同需要的职业能力，是为解决实际工作问题而设置的课程。学徒岗位能力课程是根据学徒岗位的特定要求而专门设置的课程。专业拓展课程是拓展学生知识广度、深度的课程，是为适应其他企业岗位的能力要求而设置的课程。具体见表1－6。

表 1－6　高职现代学徒制市场营销专业课程结构表

课程模块		课程名称	课程性质
公共基础课程		思想品德修养与法律基础	必修课
		毛泽东思想和中国特色社会主义理论体系概论	必修课
		形势与政策	必修课
		高等应用数学	必修课
		英语	必修课
		计算机应用基础	必修课
		体育	必修课
		就业指导与职业生涯设计	必修课
		创新创业基础	必修课
专业课程	专业技术技能课程	市场营销实务	必修课
		市场调研	必修课
		消费行为分析	必修课
		推销实务	必修课
		客户服务与管理	必修课
		营销策划	必修课
		通用管理能力	必修课
		市场营销沙盘模拟实训	必修课
		毕业设计或毕业论文	必修课
	学徒岗位能力课程	行业企业认知与岗前辅导	限选课
		销售型店长	限选课
		管理型店长	限选课
		经营型店长	限选课
		职业店长综合技能训练	限选课
	专业拓展课程	由学校自行设置，不低于 6 学分	任选课

十、课程内容及要求

1. 公共基础课程（见表1－7）

表1－7 公共基础课程内容和要求

序号	课程名称	主要教学内容和要求	参考学时
1	思想品德修养与法律基础	本课程是高校大学生进行思想道德和法制观念教育的必修课。通过该课程的理论学习和实践体验，大学生能形成正确的理想信念，弘扬爱国主义精神，确立正确的人生观和价值观，加强思想品德修养，增强学法、守法、用法的自觉性，全面提高思想道德素质和法律素质，成为品学兼优的社会主义现代化建设应用型人才	72
2	毛泽东思想和中国特色社会主义理论体系概论	本课程主要对学生进行中国特色社会主义理论与实践教育，使学生能够正确地理解和掌握毛泽东思想、中国特色社会主义理论的科学体系、精神实质和立场、观点、方法，树立建设中国特色社会主义的坚定信念，培养运用马克思主义的立场、观点和方法分析和解决问题的能力，增强执行党的基本路线和基本纲领的自觉性和坚定性，积极投身全面建设小康社会的伟大实践	72
3	形势与政策	本课程通过了解国际、国内形势，使学生全面正确认识党和国家面临的形势和任务，正确认识世情、国情、党情，正确理解并拥护党的路线、方针和政策；增加学生的爱国主义责任感和使命感，不断提高学生的爱国主义和社会主义觉悟；增强实现改革开放和社会主义现代化建设宏伟目标的信心和社会责任感，提高当代大学生投身于国家经济建设事业的自觉性和态度，明确自身的人生定位和奋斗目标	36
4	高等应用数学	通过本课程各个环节的教学，使学生获得必需的数学知识，逐步培养学生的抽象思维能力、逻辑推理能力、空间想象能力和自学能力。主要内容包括函数、极限、连续、一元函数微分学、一元函数积分学、向量代数与空间解析几何学、多元函数微分学、多元函数积分学、无穷级数与常微分方程等，为学习后继课程和进一步获得数学知识奠定必要的数学基础	72
5	英语	本课程以培养学生实际应用英语的能力为目标，侧重职场环境下语言交际能力的培养，使学生逐步提高用英语进行交流与沟通的能力。同时，使学生掌握有效的学习方法和策略，培养学生的学习兴趣和自主学习能力，提高学生的综合文化素养和跨文化交际意识，为提升学生的就业竞争力及未来的可持续发展打下必要的基础	144

续上表

序号	课程名称	主要教学内容和要求	参考学时
6	计算机应用基础	在中职计算机应用基础课程基础上，学生能进一步学习计算机、计算机网络、信息安全等方面的基础知识和办公软件高级应用，学习多媒体基础知识及使用、网页基础知识及使用。通过学习，学生能提高计算机应用综合素养，提高办公软件高级应用技能，具有简单处理图像、声音、视频等多媒体的能力，简单的静态网页制作与发布能力	72
7	体育	本课程的目标是全面锻炼学生的身体，增强体质，使学生掌握体育基本知识、技术、技能，培养终身体育锻炼的能力和习惯。通过本课程的学习和训练，学生能了解体育锻炼的原则与方法，常见运动损伤的预防与处理，具有一定的体育文化欣赏能力；掌握两项以上体育运动项目的基本知识、技术、技能；增强体质，促进身心健康，培养吃苦耐劳、勇敢顽强的意志品质。养成终身体育锻炼的能力和习惯，健康体质测试标准合格。 本课程以身体练习为主要手段，通过合理的体育与健康教育和科学的体育锻炼过程，达到增强体质、增进健康和提高体育素养的目的。课程主要涉及体育与健康的基本理论、田径、球类、武术、运动保健等内容，通过学习，学生掌握各专项运动的基本知识、技术和技能；加强对身体进行全面训练，改善身体形态、机能，提高学生的身体素质和运动能力，增进健康；掌握科学锻炼身体的方法和保健养生及运动损伤预防的常识	72
8	就业指导与职业生涯设计	本课程是关于职业启蒙、职业目标、职业意识、求职技巧和创业准备的应用型课程，教学目的是培养学生的社会能力和方法能力，提高其可雇用能力。让学生理解职业与成才的关系，理解职业生涯设计的意义和基本内容；让学生学会认识自己和社会，初步完成职业生涯设计；让学生初步形成职业意识，学会初到企业的通用的行为规范，学会处理企业中的人际关系；让学生初步学会求职申请和面试的基本技巧	36
9	创新创业基础	本课程是创新创业梯级课程体系的基础启蒙课程，主要任务是培养学生创新精神与创业意识，教授学生创业知识、锻炼创业能力。以创业者素质要求→评估创业机会→创建企业→创业过程管理→创业企业发展为主线，通过本课程学习，学生掌握开展创业活动所需要的基本知识，认知创业的基本内涵和创业活动的特殊性，辩证地认识和分析创业机会、创业资源、创业计划和创业项目；具备必要的诚信力、决策力、管理力、创建力和社交力等素质，掌握创业资源整合与创业计划撰写的方法，熟悉新创企业的开办流程与管理，提高创办和管理企业的综合素质和能力；树立科学的创业观，主动适应国家经济社会发展和个体的全面发展需求，正确理解创新创业与职业生涯发展的关系，自觉遵循创新创业规律，积极投身创新创业实践	36

2. 专业技术技能课程（见表1－8）

表1－8 专业技术技能课程内容和要求

序号	课程名称	对接典型工作任务及职业能力	主要教学内容和要求	参考学时
1	市场营销实务	25	本课程主要内容包括了解市场、把握顾客需求、进行市场细分、选择目标市场、制定市场定位策略、制定产品策略、制定价格策略、制定渠道策略、制定促销策略、编制营销计划。通过学习，学生能进行市场环境分析、目标市场细分与选择，能有针对性地制定营销组合策略	54或72
2	市场调研	16－01－01、25－01、27－02	本课程主要内容包括市场调查与预测的基本理论与方法，调研工具的使用，根据调研主题设计调研方案，制定、组织与实施调研执行计划，收集资料信息，信息分析与处理，撰写调研报告，制定调研策划，制定各类营销战略、策略及具体的行动方案，开展促销调研，开展商圈调研分析	54或72
3	消费行为分析	08－03、25－02	本课程主要内容包括商圈消费群结构分析、消费群消费习惯和心理分析、消费群购买力分析、消费者观念分析、影响消费者行为因素分析等	54或72
4	推销实务	09－01、09－03、09－04、10－01、10－02、12	本课程主要内容包括发现顾客、评估顾客、学会倾听、推介商品、识别成交信号、抓住成交机会、运用成交方法、说服顾客成交等内容。学生通过学习具备识准顾客的能力，挖掘顾客需求的能力，处理顾客异议、达成交易的能力	54或72
5	客户服务与管理	01－02－05、04－01、04－02、06－01－08、09－02－01、09－02－02、11、22－01－03、23、24	本课程主要内容包括企业服务理念、职场形象塑造、如何在职场运用服务礼仪、顾客异议处理、顾客投诉处理、门店服务管理、门店客源管理等。通过学习，学徒能结合岗位工作切实提升客户服务与管理的能力与水平，提升客户满意度	54或72
6	营销策划	08、16－01、16－02、18、19－01、19－02、19－05、20－04	本课程主要内容包括门店营销调研、门店布局策划、门店商品组合策划、门店价格策划、门店渠道拓展策划、门店促销策划等	54或72

注："对接典型工作任务及职业能力"填写职业能力编码，编码与附录1"现代学徒制市场营销专业职业能力分析表"对应，学科课程除外。

3. 学徒岗位能力课程（见表1－9）

表1－9　学徒岗位能力课程内容及要求

序号	课程名称	对接典型工作任务及职业能力	主要教学内容和要求	参考学时
1	行业企业认知与岗前辅导	01、02、03、04	本课程主要是让学徒对零售行业、联合培养企业、岗位角色、岗位工作内容、工作环境有一个全面的认知，让学徒熟悉其在岗培养的工作环境，帮助其塑造职业形象，调整角色心态等	72
2	销售型店长	05、06、07、08、09、10、11、12、13、14、15、16	本课程主要培养学徒的商品销售能力，主要包括营业前准备、营业中管理、营业后工作、面对面顾问式导购、做好导购准备、接触顾客、推介商品、处理顾客异议、达成交易、安排付款、结束送客等项目内容。学徒通过课程学习，结合岗位工作能切实提升商品或服务的销售能力	108
3	管理型店长	17、18、19、20、21、22、23、24、25	本课程主要培养学徒的门店运营管理能力，主要学习内容包括转变角色、门店布局与规划、商品管理、销售管理、人员管理、社群关系管理、服务管理、客源管理、营销管理等内容。学徒通过学习能结合岗位工作内容，提升其门店运营管理的能力	108
4	经营型店长	26、27、28、29、30、31	本课程主要培养学徒的商业经营能力，主要内容包括商业模式选择、选址与商圈分析、投资开发可行性分析、打造优秀团队、塑造门店特色文化、提升门店经营能力等	108
5	职业店长综合技能训练	05－01、11－02、15－01、16、19－01、19－02、19－04、19－05、19－07、19－10、20－03、20－05、20－06、20－07、25－04、26－04、27－02、29－01、29－02、29－03、31－01、31－02、31－04、31－05	本课程主要是融合了岗位工作任务和工作内容的技能训练，通过轮岗训练和同一岗位反复的技能训练，学生能在岗位成长、成才，切实提升其岗位胜任能力。主要内容包括门店销售能力训练、门店运营管理能力训练、门店经营能力训练	300或660

注：“对接典型工作任务及职业能力”填写职业能力编码，编码与附录1“现代学徒制市场营销专业职业能力分析表”对应，学科课程除外。

十一、教学安排

（一）二年制教学安排（见表1-10）

表1-10　二年制教学安排表

课程类别		课程名称	学分	总学时	各学期周数、学时分配				教学场所学时分配		评价方式	说明
					1	2	3	4	学校	企业		
					18	18	18	18				
公共基础课程	必修课	思想品德修养与法律基础	4	72	2	2			√		笔试	
		毛泽东思想和中国特色社会主义理论体系概论	4	72			4		√		笔试	
		形势与政策	2	36	1	1			√		笔试	
		高等应用数学	4	72	4				√		笔试	
		英语	8	144	4	4			√		笔试	
		计算机应用基础	4	72		4			√		笔试	
		体育	4	72	2	2			√		任务考核	
		就业指导与职业生涯设计	2	36	1		1		√		笔试	
		创新创业基础	2	36		2			√		笔试	
		已安排课程小计	34	612	14	15	5					
		……	…	…	…	…	…	…				
		小计	34	612	14	15	5					
专业课程	专业技术技能课程（必修课）	市场营销实务	3	54	3				√	√	任务考核	
		市场调研	3	54	3				√	√	任务考核	
		消费行为分析	3	54		3			√	√	任务考核	
		推销实务	3	54	3				√	√	任务考核	
		客户服务与管理	3	54		3			√	√	任务考核	
		营销策划	3	54		3			√	√	任务考核	
		毕业论文	6	168				6周		√	答辩	
		已安排课程小计	24	492	9	9						
		……	…	…	…	…	…	…				
		小计	24	492	9	9		6周				

续上表

课程类别		课程名称	学分	总学时	各学期周数、学时分配				教学场所学时分配		评价方式	说明
					1	2	3	4	学校	企业		
					18	18	18	18				
专业课程	学徒岗位能力课程（限选课）	行业企业认知与岗前辅导	4	72		4			√	√	任务考核	
		销售型店长	6	108			6		√	√	业务考核	
		管理型店长	6	108			6		√	√	业务考核	
		经营型店长	6	108			6		√	√	业务考核	
		职业店长综合技能训练	16.5	300			4	19	√	√	业务考核	
		已安排课程小计	38.5	696								
		……	…	…	…	…	…	…				
		小计	38.5	696			22	19				
已安排课程合计			96.5	1 800	0	4	22	19				
任选课（含专业拓展课程）		……	11	200	…	…	…	…			业务考核	
合　计			107.5	2 000	23	28	27	19				

注：各校在此基础上，结合学校实际情况，将课程体系设计完整后：（1）高职学段总学时数为2 000学时，公共基础课程约20% ~30% 学时，专业技术技能课程和学徒岗位能力课程占1 200 ~1 400学时。（2）评价方式：①笔试；②面试；③任务考核；④业务考核；等等。（3）总学分不少于90，含军训及入学教育、在岗培养、社会实践、毕业教育等活动的学分。（4）“……”表示由各院校自行安排的必修课程、选修课程。

（二）三年制教学安排（见表1－11）

表1－11　三年制教学安排表

课程类别		课程名称	学分	总学时	各学期周数、学时分配						教学场所学时分配		评价方式	说明
					1	2	3	4	5	6	学校	企业		
					18	18	18	18	18	18				
公共基础课程	必修课	思想品德修养与法律基础	4	72	2	2					√		笔试	
		毛泽东思想和中国特色社会主义理论体系概论	4	72			4				√		笔试	
		形势与政策	2	36	1	1					√		笔试	
		高等应用数学	4	72	4						√		笔试	
		英语	8	144	4	4					√		笔试	
		计算机应用基础	4	72		4					√		笔试	
		体育	4	72	2	2					√		任务考核	
		就业指导与职业生涯设计	2	36	1		1				√		笔试	
		创新创业基础	2	36		2					√		笔试	
		已安排课程小计	34	612	14	15	5							
		……	…	…	…	…	…							
		小计	34	612	14	15	5							
专业课程	专业技术技能课程(必修课)	市场营销实务	4	72	4						√	√	任务考核	
		市场调研	4	72	4						√	√	任务考核	
		消费行为分析	4	72		4					√	√	任务考核	
		推销实务	4	72		4					√	√	任务考核	
		客户服务与管理	4	72			4				√	√	任务考核	
		营销策划	4	72			4				√	√	任务考核	
		通用管理能力	4	72			4				√		任务考核	
		市场营销沙盘模拟实训	3	56			2周				√		任务考核	
		毕业论文	6	168						6周		√	答辩	
		已安排课程小计	37	728	8	8	26							
		……	…	…	…	…	…			…				
		小计	37	728	8	8	26			6周				

续上表

课程类别		课程名称	学分	总学时	各学期周数、学时分配						教学场所学时分配		评价方式	说明
					1	2	3	4	5	6	学校	企业		
					18	18	18	18	18	18				
专业课程	学徒岗位能力课程(限选课)	行业企业认知与岗前辅导	4	72				4			√	√	任务考核	
		销售型店长	6	108				6			√	√	业务考核	
		管理型店长	6	108					6		√	√	业务考核	
		经营型店长	6	108						6	√	√	业务考核	
		职业店长综合技能训练	38. 5	660				12	16	13	√	√	业务考核	
		已安排课程小计	60. 5	1 056				22	22	19				
		……	…	…				…	…	…				
		小计	60. 5	1 056				22	22	19				
已安排课程合计			131. 5	2 396										
任选课（含专业拓展课程）		……	…	300 ~ 500	…	…	…	…	…	…			业务考核	
合计			不低于120	2 500 ~ 2 700	22	23	31	22	22	22				

注：（1）高职学段总学时数为 2 500 ~ 2 700 学时，专业技术技能课程和学徒岗位能力课程占 1 500 ~ 1 600 学时。（2）评价方式：①笔试；②面试；③任务考核；④业务考核；等等。（3）总学分不低于 120，含军训及入学教育、在岗培养、社会实践、毕业教育等活动的学分。（4）“……”表示由各院校自行安排的必修课程、选修课程。

十二、教学基本条件

（一）学校条件

1. 学校导师条件

学校导师需满足以下条件：

（1）本专业学徒制学生与学校导师的生师比不大于 20。

（2）学校导师需具备本专业或相关专业本科以上学历，并具有高等职业学校教师资格证书、中级以上专业技术资格所要求的业务能力和专业实践能力。

（3）学校导师“双师素质”比例不小于90%。

（4）青年教师中具备研究生学历或硕士、博士学位的比例不小于60%。

（5）学校导师人均年企业实践时间不小于21.88天。

（6）学校导师需具有强烈的事业心和高度的责任心，具有高度的职业素养，爱岗敬业，教书育人。

（7）学校导师具有较强的教学能力、教学研究与课程开发能力，能够在教学、教改、教学资源建设、服务企业等工作中发挥重要作用。

2. 校内实训室

校内实训必须具备市场营销沙盘模拟实训室、市场营销综合实训室等实训条件，主要设施设备及数量见表1－12。

表1－12　校内实训室主要设施设备及数量

序号	实训室名称	主要工具和设施设备		
		名称	规格	数量（生均台套）
1	市场营销沙盘模拟实训室	教学软件；教师工作站；学生工作站；服务器；电脑；网络；投影仪；音响设备等；黑（白）板等	营销沙盘模拟教学软件能进行市场调研与分析技能、目标市场选择与定位技能、营销方案设计与活动策划技能和成本核算与财务分析技能的训练	市场营销沙盘教学软件1套；教师工作站1个；学生工作站8个；投影仪1台；音响设备1套；服务器1台；黑（白）板1套
2	市场营销综合实训室	市场营销系列教学软件；教师工作站；学生工作站；电脑；网络；服务器；投影仪；音响设备等；黑（白）板等	市场营销教学软件能涵盖市场调研、商圈分析、消费行为分析、营销策划、广告策划等一系列功能；教学设备能保证教学的顺利开展	市场营销教学软件多套（涵盖市场调研、商圈分析、消费行为分析、营销策划、广告策划等功能）；教师工作站1个；学生工作站8个；投影仪1台；音响设备1套；服务器1台；黑（白）板1套

（二）企业条件

1. 企业导师条件

企业导师需满足以下条件：

（1）热爱教育事业，愿意为教育事业付出精力。

（2）了解高职教育的特点与高职教育的规律。

（3）具备扎实的管理技能及相应的管理经验。

（4）沟通表达能力好，能采取合理的教学方式指导学生。

（5）企业导师来自于合作企业管理岗位、专业岗位、专业技术培训岗位、专业一线业务能力突出的优秀员工，具有3年以上工作经验。

（6）本专业学徒制学生与企业导师的生师比不大于10。

2. 岗位培养条件

（1）合作企业有充足的培养岗位，学徒可以进行轮岗培养，并且该岗位与学徒的人才培养目标一致，实现专业与职业的衔接，培养学徒的岗位专业技能。

（2）合作企业有可以开展集中培训、教学的培训室等教学条件。

（3）合作企业在学徒上岗前对其进行上岗前安全防护知识、岗位操作规程的培训，落实安全防护措施，避免发生伤亡事故。

（4）合作企业应具备完善的在岗培养课程体系、课程内容，提供完善的多元化的学习资源和学习平台，为学徒提供良好的学习工作条件。

（5）合作企业应具备完善的在岗培养质量考核和评价机制。

（6）每8～10名学徒安排1位企业导师，每1～5名学徒安排1名岗位师傅。

（7）学徒在岗培养期间，合作企业能为其提供住宿条件。

（8）合作企业为学徒提供完善的培训、培养、晋升机制和平台。

（9）合作企业为学徒在培养期间购买工伤保险和意外伤害保险等相关保险。

（10）合作企业有义务保障学徒的合法权益。在学徒遵守合作企业各项规章制度和完成规定工作任务的条件下，合作企业应给予学徒适当的工资（具体工资标准在劳动合同中予以明确），工资按月直接发给学徒。如合作企业安排学徒出差，学徒应享受与合作企业员工相同的出差待遇。合资企业要求学徒在国家法定节假日工作，须按照相关规定给予加班酬金。

十三、教学实施建议

（一）教学要求

现代学徒制市场营销专业以提高人才培养质量为目标，通过在岗培养提升学徒的岗位胜任能力，帮助学徒岗位成长、岗位成才。为达到人才培养的目标，教学需：

（1）构建一支校企深度融合的师资团队，每8～10名学徒配备1名企业导师和学校导师，每1～5名学徒配备1名企业岗位师傅。

（2）校企双方共同开发满足学徒成长的学习资源，包括教材、课程体系、课程内容、多样化的课程资源等。

（3）在教学方法上结合成人学习原理和在岗培养的需要，突出“以学生为中心”，教学方法上充分运用行动导向教学法、项目教学法。

在具体的课程教学上，公共基础课的教学要符合教育部有关教育教学基本要求，按照培养学生基本科学文化素养、服务学生专业学习和终身发展的功能来定位。专业课程均建成校企双融合课程，由校企“双导师”联合授课，充分体现岗位培养，工学交替，以学生为中心、做中学、学中做的教学理念，充分利用现代教育技术和学生岗位工作条件，实施真实的项目化教学，结合岗位工作任务，开展岗位能力内容培训和业绩考核。集中讲授以探究式学习形式为主，把岗位工作中遇到的共性问题通过学习形成系统化的知识体系和工作思维，突出培养学生分析和解决实际问题的能力。业务培训以着重提升学徒岗位工作胜任能力为主。工作现场教学以提升学徒工作效率为主。

（二）教学组织形式

突出现代学徒制校企双主体、双场地、“双导师”育人，教学组织形式的多样性、灵活性。

1. 两年制

第一学期为学徒适应期，以在校集中培养为主，公共基础课程采取校方授课，专业课程采取校企联合授课。

第二学期到第四学期为学徒成长期、成熟期，采取以“在岗学习”为本位的双元培养，学生（徒）在做中“学”，校企“双导师”在学生（徒）做中“教”，校企双方联合培养学生（徒）的岗位胜任能力。通过校方导师集中授课、企业导师与师傅岗位帮教、岗位指导、企业培训以及校企课程资源平台学习，完成各项学习任务和岗位工作任务。具体的教学组织形式是：学徒每月集中返校上课1～3天、参加带薪的企业岗位培训和各项业务训练、每3个月参加一次校企生三方座谈会、完成校企课程资源平台的课程学习、完成相应的课程任务和岗位工作任务。校企导师共同评定学生（徒）的专业课程成绩。

2. 三年制

第一学期至第二学期为学徒适应期，以在校集中培养为主，公共基础课程采取校方授课，专业课程采取校企联合授课。

第三学期至第六学期为学徒成长期、成熟期，采取以“在岗学习”为本位的双元培养，学生（徒）在做中“学”，校企“双导师”、企业师傅在学生（徒）做中“教”，校企双方联合培养学生（徒）的岗位胜任能力。通过校方导师集中授课、企业导师与师傅岗位帮教、岗位指导、企业培训以及校企课程资源平台学习，完成各项学习任务和岗位工作任务。具体的教学组织形式是：学徒每月集中返校上课1～3天、参加带薪的企业岗位培训和各项业务训练、每3个月参加一次校企生三方座谈会、完成校企课程资源平台的课程学习、完成相应的课程任务和岗位工作任务。校企导师共同评定学生（徒）的专业课程成绩。

（三）学业评价

现代学徒制的学业评价以任务考核、工作业绩考核为主，采取过程性考核和结果性考核相结合的考核评价方式。学业评价由校企专业教学团队和教学管理人员集体讨论制订具体的评价方案。学业评价的内容包括学徒的知识掌握情况、实践操作技能、学习态度、基本职业素质、分析问题和解决问题等方面。

其中公共基础课程采取以笔试考核为主，专业技术技能课程由校企“双导师”采取以任务考核为主，学徒岗位能力课程和专业拓展课程由校企“双导师”采取以业务考核为主，参照行业企业岗位标准进行评价。毕业设计或毕业论文的选题必须是源自学徒岗位工作中遇到的问题，是基于工作岗位的问题分析。

（四）教学管理

教学管理要具有一定的规范性和灵活性，能充分保障教育教学的顺利开展。

（1）建立校企深度融合、共同实施人才培养的管理机制。根据现代学徒制生源特点，结合人才培养目标、行业企业发展和学生岗位培养情况，校企双方共同制订相应的人才培养方案、教学组织运行与管理方案和考核方案。探索适合现代零售行业企业发展的现代学徒制教学组织模式，使学生的学习目标更加明确，专业教学更具有针对性。

（2）建立教学管理组织协调系统，现代学徒制校企负责人牵头配合教务处、各二级学院对日常课程教学工作进行管理和监控，及时解决教学中出现的问题。

（3）建立规范的教学管理制度。包括专业调研、人才培养方案制订、专业研讨、课程研讨、学分制、期初教学检查、期中教学检查、期末教学总结等环节规范化、常规化。

（4）建立教学效果反馈系统。通过学生座谈会、学生评教、毕业生跟踪调研、督导评教等环节及时把握教学效果，并有针对性的改进。

（五）质量监控

建立现代学徒制市场营销专业年审制度；建立学校内部质量保障机制，由企业管理人员和学校管理人员共同参与教育教学的过程及结果监控；建立外部质量监控机制，通过第三方评价，体现、促进育人质量；构建现代学徒制利益相关者质量评价体制，学徒、家长、学校举办方、学校、企业、社会等诸多利益相关者共同参与教育教学质量评价和监控。

十四、其他

1. 参与项目开发的行业企业专家团队（见表1－13）

表1－13　行业企业专家团队

序号	姓名	单　　位	职称、职务
1	熊自先	深圳百果园实业发展有限公司	校企合作总监
2	林兴溪	深圳百果园实业发展有限公司	校企合作总监助理
3	刘　飞	深圳百果园实业发展有限公司	人力资源部经理
4	李进凑	深圳百果园实业发展有限公司广州公司	人力资源部经理
5	姜　华	深圳百果园实业发展有限公司广州公司	总经理
6	巫伟银	深圳百果园实业发展有限公司广州公司	运营部经理
7	马炤银	深圳百果园实业发展有限公司广州公司	运营部运营督导

续上表

序号	姓名	单　位	职称、职务
8	李爽淳	深圳百果园实业发展有限公司中山公司	片区经理
9	黄　铮	广东葆扬投资管理有限公司名创商学院	院长
10	陈镇杰	广东葆扬投资管理有限公司名创商学院	高级培训师
11	刘　静	锦江麦德龙现购自运有限公司	人力资源部经理
12	何焕萍	广州百安居装饰建材有限公司	人力资源部经理
13	林先拥	广东骏和通讯设备连锁销售有限公司	副总经理
14	沈仕军	广东骏和通讯设备连锁销售有限公司	人力资源部经理
15	朱　斌	广州千千氏工艺品有限公司	人力资源总监

2. **参与项目开发的学校教师团队（见表1－14）**

表1－14　学校教师团队

序号	姓名	单　位	职称、职务
1	阚雅玲	广州番禺职业技术学院	管理学院院长 市场营销专业带头人 教授
2	谭福河	广州番禺职业技术学院	管理学院副院长 创业中心主任 副教授
3	雷　平	广州番禺职业技术学院	管理学院党总支书记 市场营销副教授
4	张晓青	广州番禺职业技术学院	市场营销专业带头人 教授
5	何　霞	广州番禺职业技术学院	工商企业管理专业带头人 教授
6	陈基纯	广州番禺职业技术学院	连锁经营管理专业带头人 副教授
7	门洪亮	广州番禺职业技术学院	市场营销专业教研室主任 讲师
8	王书暐	广州番禺职业技术学院	市场营销专业教师
9	杨问芝	广州番禺职业技术学院	市场营销专业教师
10	万　莉	广州番禺职业技术学院	市场营销专业教师
11	王彦保	广州番禺职业技术学院	市场营销专业教师
12	丁玉红	广州番禺职业技术学院	市场营销专业教师
13	李引霞	广州番禺职业技术学院	市场营销专业教师
14	李　霞	广州番禺职业技术学院	市场营销专业教师

下　　篇
高职现代学徒制
市场营销专业课程标准

专业技术技能课程：市场营销实务课程标准
（二年制）

一、课程名称

市场营销实务。

二、适用专业及面向岗位

适用于现代学徒制市场营销专业或现代学徒制工商企业管理专业、连锁经营管理专业。面向销售管理岗位。

三、课程性质

本课程是现代学徒制市场营销专业技术技能课程，是现代学徒制学生掌握从事营销管理工作岗位必备能力的一门课程。该课程旨在使学徒在掌握市场营销基本知识、基本理论的基础上，切实掌握营销调查、市场定位、营销组合等实务的操作方法和技术，了解国内外行业企业市场营销的最新动态和最新理论，培养学徒在市场营销岗位工作中的实践操作能力，提高学徒分析问题和解决问题的能力。这门课程在整个人才培养方案中与其他课程之间存在奠定基础、协同的关系，为其他专业课程知识和技能的应用和深入提供一个良好的基础。

四、课程设计

课程设计的总体思路：立足商业企业营销工作实际，抽取在企业岗位工作中应用最为频繁的营销知识和技能，以实际工作岗位的营销技能作为教学内容，以营销人员处理业务的工作顺序来组织教学过程，以企业营销的实际状况为背景，结合实际的岗位工作进行训练。

五、课程教学目标

1. **职业素养目标**

（1）具有发现问题、解决问题的能力和意识。

（2）具有数字应用的能力。

（3）具有沟通交流的技巧。

（4）具有学习行业知识、产品知识、管理知识、市场新趋势的学习能力。

（5）具有革新创新的意识。

（6）具有信息处理的能力。

（7）具有团队合作能力。

（8）具有组织能力。

（9）具有抗压能力。

2. **专业能力目标**

（1）能了解市场。

（2）能把握顾客需求。

（3）能制定市场定位策略。

（4）能制定营销组合策略。

（5）能编制营销计划。

六、参考学时与学分

参考学时：54 学时。

参考学分：3 学分。

七、课程结构

市场营销实务课程结构见表 2 – 1。

表 2 – 1 市场营销实务课程结构

序号	学习任务（单元、模块）	对接典型工作任务及职业能力要求	知识、技能、态度要求	教学活动设计	学时
1	了解市场	25 – 01 – 01 25 – 01 – 02 25 – 01 – 03	1. 能掌握市场调研方法 2. 能熟练使用调研工具 3. 能对调研结果进行分析	1. 市场调研分析 2. 小组现场调研 3. 小组任务方案制订 4. 小组任务方案汇报 5. 企业现场实践，校企导师现场指导	8

续上表

序号	学习任务（单元、模块）	对接典型工作任务及职业能力要求	知识、技能、态度要求	教学活动设计	学时
2	把握顾客需求	25－02－01 25－02－02 25－02－03	1. 能分析消费者观念 2. 能分析消费者购买欲望、动机、能力、方式、地点、时机 3. 能准确把握消费者行为	1. 顾客需求分析 2. 小组任务 3. 小组任务汇报 4. 企业现场实践，校企导师现场指导	12
3	制定市场定位策略	25－03－01 25－03－02 25－03－03 25－03－04	1. 能准确分析目标市场 2. 能进行市场细分分析 3. 能进行合理的市场选择 4. 能进行市场定位	1. 制定市场定位 2. 小组任务训练 3. 小组任务汇报 4. 企业现场实践，校企导师现场指导	12
4	制定营销组合策略	25－04－01 25－04－02 25－04－03 25－04－04	1. 能制定产品策略 2. 能制定价格策略 3. 能制定渠道策略 4. 能指导促销策略	1. 营销组合策略制定 2. 小组任务 3. 小组任务汇报 4. 企业现场实践，校企导师现场指导	14
5	编制营销计划	25－05－01 25－05－02 25－05－03 25－05－04	1. 能进行营销现状分析 2. 能发现问题，找到机会 3. 能确定营销目标 4. 能运用营销策略编写营销计划书	1. 编制营销计划 2. 小组任务 3. 小组任务汇报 4. 企业现场实践，校企导师现场指导	8
合　计					54

八、资源开发与利用

1. 教材编写与使用

（1）教材是达到教学目标的手段，必须依据本课程标准编写教材，教材应充分体现任务驱动、实践导向课程的设计思想。

（2）教材应将本专业职业活动按照商业企业市场营销的运作流程，分解成若干典型的工作项目，按完成工作项目的需要和岗位操作规程组织教材内容。

（3）教材表达应通俗易懂、图文并茂，应针对商业企业市场营销的各项业务的运作程序以图解的方式直观地展现给学生，提高学生的学习兴趣，加深学生对企业客户服务内容的认识和理解。教材表达必须精练、准确、科学。

（4）教材内容应体现先进性、通用性、实用性，要与当前商业企业市场营销发展的进程同步，从而使教材更贴近本专业的发展和实际需要。

（5）教材中的活动设计内容要具体，要尽可能与商业企业市场营销活动相同，并在实训室环境下和企业现场具有可操作性。

2. 数字化资源开发与利用

（1）注重课程资源和现代化教学资源的开发和利用，这些资源有利于创设形象生动的工作情境，激发学生的学习兴趣，促进学生对知识的理解和掌握。同时，建议加强课程资源的开发，建立多媒体课程资源的数据库，实现多媒体资源的共享。

（2）不断完善教学课件质量，并加强教学指导书的建设，以增强教学指导的针对性和操作性。

（3）完善网上教学资源，充分利用网络资源，优化教学手段，调动学生学习积极性，培养学生勤于思考、善于创造的能力。

（4）充分开发联合培养企业工作现场的视频资料，用于教学。

3. 企业岗位培养资源的开发与利用

本课程以校企“双导师”联合讲授、企业现场观摩与实践的形式开展，需配备校企“双导师”，导师必须具备岗位带教的能力和水平；需开发和配备教师指导手册、学徒学习手册、岗位任务考核评价手册；同时需开发丰富的企业业务培训微课资源，便于学徒移动式、便利化学习。

九、教学建议

该课程是专业基础课程，采取的教学方法注重培养学生的专业能力、方法能力和社会能力。

总体教学方法是任务教学法，在教学组织方面，要注重创设工作情境，由教师根据教学要求营造和布置工作情境，然后组织学生进行课堂模拟，增加情境效果，争取真实的职业体验和职业素养养成，提高学生的岗位职业认识。学徒在“做中学”，校企“双导师”在学徒“做中教”，提高学徒的动手能力和解决问题的能力。

十、课程实施条件

1. 师资要求

本课程要求配备校企“双导师”，学校专业导师需要具备合作企业半年以上企业实践经验，具有本专业或相关专业硕士以上学历，拥有高等职业学校教师资格证，有中级及以上职称，有高度的责任心，沟通协调能力强，熟悉企业营销管理岗位业务工作内容、工作职责和工作流程。企业导师（师傅）需要有本企业两年以上的工作经验，熟悉营销岗位业务，有岗位带教的能力和水平，有高度的责任心和耐心。

2. **教学条件**

学校提供“理实一体化”的教学环境，配备多媒体设备、黑（白）板、课桌椅等教学设备。企业提供集中业务培训的培训室，提供学徒轮岗训练的营销岗位，有真实的营销管理业务提供处理。

十一、教学评价

（1）本课程应充分体现现代学徒制高职教育教学的特点，采用阶段评价、过程性评价与目标评价相结合，项目评价、理论与实践一体化评价模式。

（2）注重多元化评价，具体结合学徒到课率、课堂提问和小组讨论、学徒任务完成情况、现场实践、小组汇报等方面予以综合衡量评价。

（3）应注重学徒动手能力和在实践中分析问题、解决问题能力的考核，对在学习和应用上有创新的学徒应予特别激励。

（4）应注重培养学徒的发散思维能力和学习能力，对于思维敏捷、有独到的个人见解的学徒应予特别鼓励。

（5）由校企“双导师”根据学徒的课程任务完成情况进行考核。其中校内导师评价占50%，主要考核学徒的学习态度和知识掌握情况；企业导师（师傅）评价占50%，主要考核学徒在岗位技能训练的表现和岗位任务完成情况。

附：市场营销实务课程结构图（见图2-1）。

（撰稿人：门洪亮、张晓青）

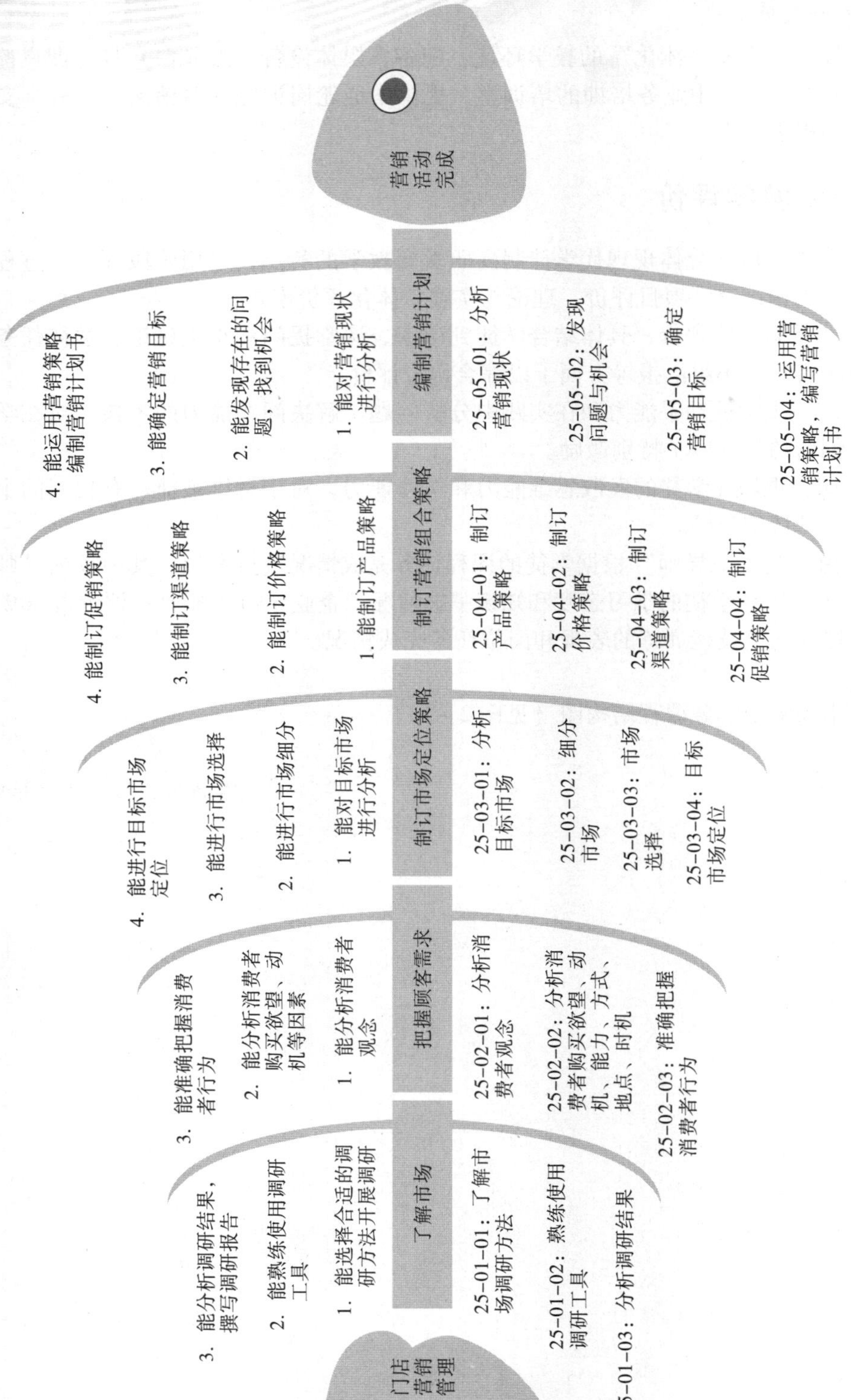

图 2-1 市场营销实务课程结构图

专业技术技能课程：市场调研课程标准（二年制）

一、课程名称

市场调研。

二、适用专业及面向岗位

适用于现代学徒制市场营销专业或现代学徒制工商企业管理专业、连锁经营管理专业。面向市场调研岗位。

三、课程性质

本课程是现代学徒制市场营销专业技术技能课程，是现代学徒制学生掌握从事营销调研工作岗位必备能力的一门课程。该课程旨在培养学徒收集市场信息、分析信息、发现问题、解决问题的能力，为开展具体的营销活动提供必要的支持。这门课程在整个人才培养方案中与其他课程之间存在协同、互补的关系，为其他专业课程知识和技能的应用和深入提供一个良好的基础。

四、课程设计

课程设计的总体思路：立足商业企业营销调研工作实际，抽取在企业岗位工作中应用最为频繁的营销调研知识和技能，以实际工作岗位的营销调研技能作为教学内容，以营销调研人员处理业务的工作顺序来组织教学过程，以企业营销调研的实际状况为背景，结合实际的岗位工作进行训练。

五、课程教学目标

1. 职业素养目标

（1）具有发现问题、解决问题的能力和意识。

（2）具有沟通交流的技巧。

（3）具有数字应用能力。

（4）具有信息处理能力。

（5）具有团队合作能力。

（6）具有不断创新的意识。

（7）具有组织能力。

2. 专业能力目标

（1）能掌握调研方法。

（2）能熟练使用调研工具。

（3）能收集资料、信息，进行分析并撰写调研报告。

（4）能系统地根据主题设计调研方案。

（5）能制订调研执行计划、组织并实施。

（6）能够制订调研策划，进行全面调研，并全面系统地分析调研结果，在市场调研的基础上，提出创意，制定各类营销战略、策略及具体的行动方案。

（7）能开展促销调研。

（8）能开展商圈调研分析。

六、参考学时与学分

参考学时：54 学时。

参考学分：3 学分。

七、课程结构

市场调研课程结构见表 2－2。

表 2－2　市场调研课程结构

序号	学习任务（单元、模块）	对接典型工作任务及职业能力要求	知识、技能、态度要求	教学活动设计	学时
1	了解市场调研方法	25－01－01	1. 能掌握实地调研法 2. 能掌握文案调研法 3. 能掌握网上调研法	1. 市场调研方法 2. 案例分析 3. 小组任务 4. 小组任务汇报 5. 企业现场调研	6
2	熟练使用调研工具	25－01－02	1. 能掌握抽样调研技术 2. 能掌握问卷设计技术 3. 能使用态度测量技术	1. 市场调研工具 2. 案例分析 3. 小组任务 4. 小组任务汇报 5. 企业现场调研	10
3	分析调研结果	25－01－03	1. 能对调研数据进行整理 2. 能对调研数据进行分析 3. 能撰写市场调研报告	1. 调研结果分析 2. 案例分析 3. 小组任务 4. 小组任务汇报 5. 企业现场调研	10

续上表

序号	学习任务（单元、模块）	对接典型工作任务及职业能力要求	知识、技能、态度要求	教学活动设计	学时
4	促销调研	16－01－01	1. 能掌握调研方法的使用 2. 能掌握调研工具的应用 3. 能根据调研主题确定调研方案 4. 能实施调研 5. 能分析调研结果 6. 能撰写调研报告	1. 促销调研 2. 案例分析 3. 小组任务 4. 小组任务汇报 5. 企业现场调研	14
5	门店商圈调研	27－02	1. 能掌握调研方法的使用 2. 能掌握调研工具的应用 3. 能根据调研主题确定调研方案 4. 能实施调研 5. 能分析调研结果 6. 能撰写调研报告	1. 门店商圈调研 2. 案例分析 3. 小组任务 4. 小组任务汇报 5. 企业现场调研	14
合　计					54

八、资源开发与利用

1. 教材编写与使用

（1）教材是达到教学目标的手段，必须依据本课程标准编写教材，教材应充分体现任务驱动、实践导向课程的设计思想。

（2）教材应将本专业职业活动，按照商业企业市场调研的运作流程分解成若干典型的工作项目，按完成工作项目的需要和岗位操作规程组织教材内容。

（3）教材表达应通俗易懂、图文并茂，应针对商业企业市场调研的各项业务的运作程序，以图解的方式直观地展现给学生，提高学生的学习兴趣，加深学生对企业客户服务内容的认识和理解。教材表达必须精练、准确、科学。

（4）教材内容应体现先进性、通用性、实用性，要与当前商业企业市场调研发展的进程同步，从而使教材更贴近本专业的发展和实际需要。

（5）教材中的活动设计内容要具体，要尽可能与商业企业市场调研活动相同，并在实训室环境下和企业现场具有可操作性。

2. **数字化资源开发与利用**

（1）注重课程资源和现代化教学资源的开发和利用，这些资源有利于创设形象生动的工作情境，激发学生的学习兴趣，促进学生对知识的理解和掌握。同时，建议加强课程资源的开发，建立多媒体课程资源的数据库，实现多媒体资源的共享。

（2）不断完善教学课件质量，并加强教学指导书的建设，以增强教学指导的针对性和操作性。

（3）完善网上教学资源，充分利用网络资源，优化教学手段，调动学生学习积极性，启发学生培养勤于思考、善于创造的能力。

（4）充分开发联合培养企业工作现场的视频资料，用于教学。

3. **企业岗位培养资源的开发与利用**

本课程以校企“双导师”联合讲授、企业现场观摩与实践的形式开展，需配备校企“双导师”，导师必须具备岗位带教的能力和水平；需开发和配备教师指导手册、学徒学习手册、岗位任务考核评价手册；同时需开发丰富的企业业务培训微课资源，便于学徒移动式、便利化学习。

九、教学建议

该课程是专业基础课程，采取的教学方法注重培养学生的专业能力、方法能力和社会能力。

总体教学方法是任务教学法，在教学组织方面，要注重创设工作情境，由教师根据教学要求营造和布置工作情境，然后组织学生进行课堂模拟，增加情境效果，争取真实的职业体验和职业素养养成，提高学生的岗位职业认识。学徒在“做中学”，校企“双导师”在学徒“做中教”，提高学徒的动手能力和解决问题的能力。

十、课程实施条件

1. **师资要求**

本课程要求配备校企“双导师”，学校专业导师需要具备合作企业半年以上企业实践经验，具有本专业或相关专业硕士以上学历，拥有高等职业学校教师资格证，有中级及以上职称，有高度的责任心，沟通协调能力强，熟悉企业营销调研岗位业务工作内容、工作职责和工作流程。企业导师（师傅）需要有本企业两年以上工作经验，熟悉营销调研岗位业务，有岗位带教的能力和水平，有高度的责任心和耐心。

2. 教学条件

学校提供“理实一体化”的教学环境，配备多媒体设备、黑（白）板、课桌椅等教学设备。企业提供集中业务培训的培训室，提供学徒轮岗训练的营销调研岗位，有真实营销调研业务提供处理。

十一、教学评价

（1）本课程应充分体现现代学徒制高职教育教学的特点，采用阶段评价、过程性评价与目标评价相结合，项目评价、理论与实践一体化评价模式。

（2）注重多元化评价，具体结合学徒到课率、课堂提问和小组讨论、学徒任务完成情况、现场实践、小组汇报等方面予以综合衡量评价。

（3）应注重学徒动手能力和在实践中分析问题、解决问题能力的考核，对在学习和应用上有创新的学徒应予以特别激励。

（4）应注重培养学徒的发散思维和学习能力，对于思维敏捷、有独到个人见解的学徒应予以特别鼓励。

（5）由校企“双导师”根据学徒的课程任务完成情况进行考核。其中校内导师评价占50%，主要考核学徒的学习态度以及知识掌握情况；企业导师（师傅）评价占50%，主要考核学徒在岗位技能训练中的表现和岗位任务完成情况。

附：市场调研课程结构图（见图2－2）。

（撰稿人：门洪亮、李引霞）

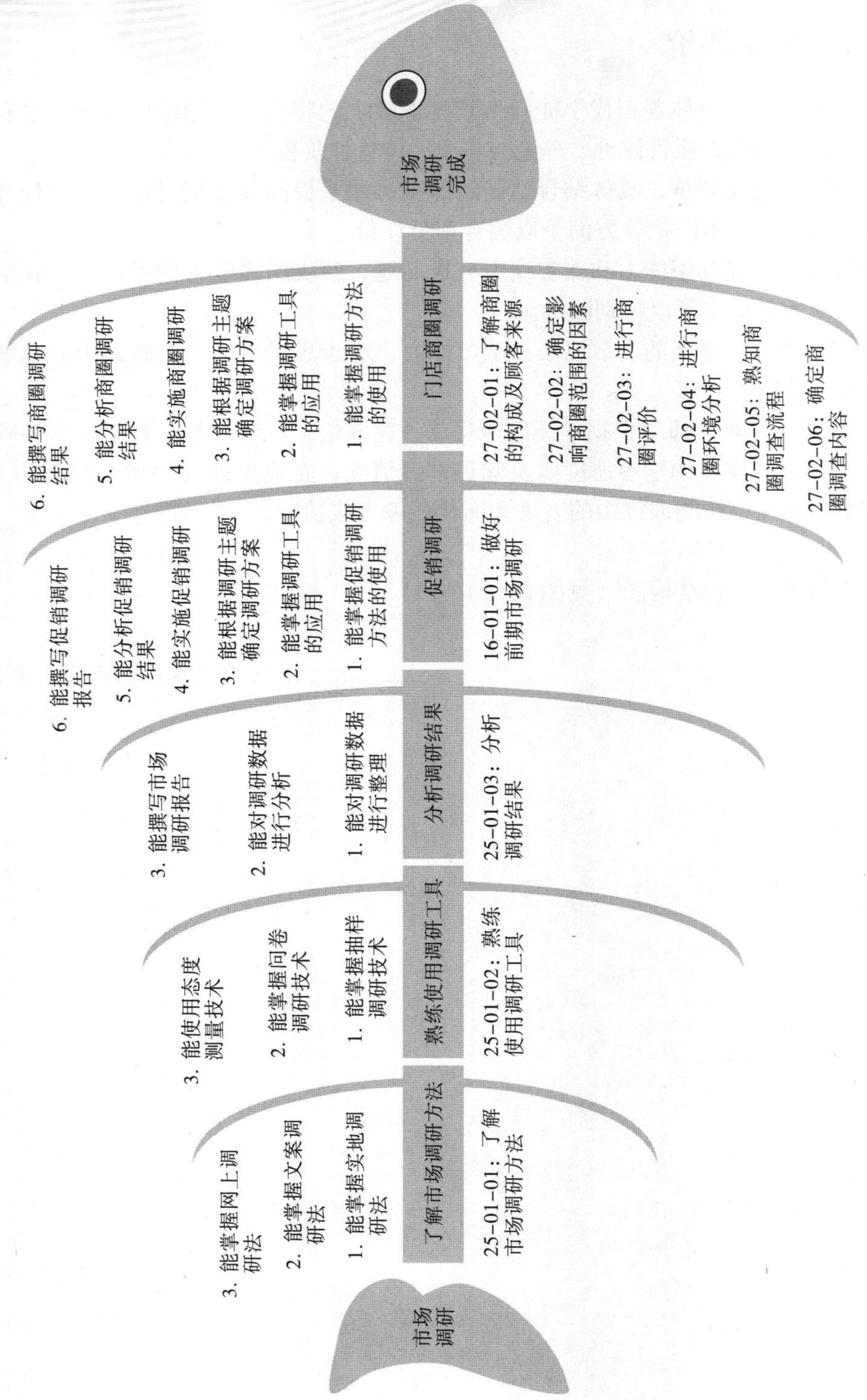

图 2-2 市场调研课程结构图

专业技术技能课程：消费行为分析课程标准（二年制）

一、课程名称

消费行为分析。

二、适用专业及面向岗位

适用于现代学徒制市场营销专业或现代学徒制工商企业管理专业、连锁经营管理专业。面向销售管理岗位。

三、课程性质

本课程是现代学徒制市场营销专业技术技能课程，是现代学徒制学生掌握从事营销工作岗位必备能力的一门课程。该课程旨在使学生通过系统的学习和训练，掌握消费者行为分析的理论与技巧，培养和提高其正确分析和解决问题的能力，为日后从事营销管理等相关工作准备必要的知识和工作能力。这门课程在整个人才培养方案中与其他课程之间存在协同、互补的关系，为其他专业课程知识和技能的应用和深入提供一个良好的基础。

四、课程设计

课程设计的总体思路：立足于商业企业消费行为分析工作实际，抽取在企业岗位工作中应用最为频繁的消费行为分析的知识和技能，以实际工作岗位的工作技能作为教学内容，以岗位工作人员处理消费行为业务的工作顺序来组织教学过程，以企业消费行为分析的实际状况为背景，结合实际的岗位工作进行训练。

五、课程教学目标

1. **职业素养目标**

（1）具有发现问题、解决问题的能力和意识。

（2）具有沟通交流的技巧。

（3）具有数字应用能力。

（4）具有信息处理能力。

2. **专业能力目标**

（1）能了解商圈消费群结构。

（2）能了解消费群消费习惯和心理。

（3）能了解消费群购买力。

（4）能分析消费者观念。
（5）能了解影响消费行为的因素。

六、参考学时与学分

参考学时：54学时。
参考学分：3学分。

七、课程结构

消费行为分析课程结构见表2－3。

表2－3 消费行为分析课程结构

序号	学习任务（单元、模块）	对接典型工作任务及职业能力要求	知识、技能、态度要求	教学活动设计	学时
1	了解商圈消费群结构	08－03－01	能全面理解商圈消费群结构的概念	1. 企业现场讲解 2. 现场感受商圈消费群结构概况	4
2	了解消费群消费习惯	08－03－02	1. 能准确判断不同消费群体的消费习惯 2. 能根据消费群的消费习惯有针对性地开展营销工作	1. 不同消费群体的消费习惯观察与判断 2. 现场演示、示范 3. 小组研讨、分析、汇报	4
3	了解消费群消费心理	08－03－03	1. 能准确分析消费群体的消费心理 2. 能根据消费群体的消费心理采取有针对性的营销行为 3. 能在营销工作中以消费群的需求为中心开展工作	1. 不同消费群体的消费心理观察与判断 2. 工作现场观摩 3. 案例分析 4. 小组研讨、分析、汇报	6
4	了解消费群购买力	08－03－04	1. 能初步判断消费群购买力 2. 能分析影响消费群购买力的因素 3. 能掌握消费群购买力的变动趋势	1. 消费群购买力分析 2. 情境教学 3. 现场观摩 4. 案例分析 5. 校企“双导师”门店岗位现场指导	8

续上表

序号	学习任务（单元、模块）	对接典型工作任务及职业能力要求	知识、技能、态度要求	教学活动设计	学时
5	分析消费者观念	25－02－01	1. 能了解不同的消费观念 2. 能正确把握不同消费观念的原因 3. 能准确把握不同消费者的消费观念 4. 能根据不同消费观念做出有针对性的营销方案	1. 消费者消费观念分析与把握 2. 情境教学 3. 现场观摩 4. 案例分析 5. 校企“双导师”门店岗位现场指导	8
6	分析消费者购买的影响因素	25－02－02	1. 能分析欲望、动机、能力、方式、地点、时机等对消费者购买行为的影响 2. 能分析影响消费者购买行为的相关因素及作用机制 3. 能识别消费者购买的影响因素，并做出有针对性的营销措施	1. 消费者购买影响因素分析 2. 情境教学 3. 现场观摩 4. 案例分析 5. 视频教学 6. 校企“双导师”门店岗位现场指导	12
7	准确把握消费者行为	25－02－03	1. 能识别和准确界定消费者行为的特征 2. 能根据消费者行为对不同消费者进行分类和管理 3. 能有效掌握应对消费者行为的营销技巧	1. 把握消费者行为 2. 案例分析 3. 视频教学 4. 小组方案汇报 5. 校企“双导师”门店岗位现场指导	12
合　计					54

八、资源开发与利用

1. 教材编写与使用

（1）教材是达到教学目标的手段，必须依据本课程标准编写教材，教材应充分体现任务驱动、实践导向课程的设计思想。

（2）教材应将本专业职业活动，按照商业企业消费行为分析的运作流程分解成若干典型的工作项目，按完成工作项目的需要和岗位操作规程组织教材内容。

（3）教材表达应通俗易懂、图文并茂，应针对商业企业消费行为分析的各项业务的运作程序以图解的方式直观地展现给学生，提高学生的学习兴趣，加深学生对消费行为分析内容的认识和理解。教材表达必须精练、准确、科学。

（4）教材内容应体现先进性、通用性、实用性，要与我国当前消费行为分析发展的进程同步，从而使教材更贴近本专业的发展和实际需要。

（5）教材中的活动设计内容要具体，要尽可能与商业企业消费行为分析活动相同，并在实训室环境下和企业现场具有可操作性。

2. 数字化资源开发与利用

（1）注重课程资源和现代化教学资源的开发和利用，这些资源有利于创设形象生动的工作情境，激发学生的学习兴趣，促进学生对知识的理解和掌握。同时，建议加强课程资源的开发，建立多媒体课程资源的数据库，实现多媒体资源的共享。

（2）不断完善教学课件质量，并加强教学指导书的建设，以增强教学指导的针对性和操作性。

（3）完善网上教学资源，充分利用网络资源，优化教学手段，调动学生学习积极性，提升学生勤于思考、善于创造的能力。

（4）充分开发联合培养企业工作现场的视频资料，用于教学。

3. 企业岗位培养资源的开发与利用

本课程以校企“双导师”联合讲授、企业现场观摩与实践的形式开展，需配备校企“双导师”，导师必须具备岗位带教的能力和水平；需开发和配备教师指导手册、学徒学习手册、岗位任务考核评价手册；同时需开发丰富的企业业务培训微课资源，便于学徒移动式、便利化学习。

九、教学建议

该课程是专业基础课程，采取的教学方法注重培养学生的专业能力、方法能力和社会能力。

总体教学方法是任务教学法。在教学组织方面，要注重创设工作情境，由教师根据教学要求营造和布置工作情境，然后组织学生进行课堂模拟，增加情境效果，争取真实的职业体验和职业素养养成，提高学生的岗位职业认识。学徒在“做中学”，校企“双导师”在学徒“做中教”，提高学徒的动手能力和解决问题的能力。

十、课程实施条件

1. 师资要求

本课程要求配备校企“双导师”，学校专业导师需要具备在合作企业半年以上企业实践经验，具有本专业或相关专业硕士以上学历，拥有高等职业学校教师资格证，有中级及以上职称，有高度的责任心，沟通协调能力强，熟悉企业营销岗位业务工作内容、工作职责和工作流程。企业导师（师傅）需要有在本企业两年以上工作经验，熟悉营销岗位业务，有岗位带教的能力和水平，有高度的责任心和耐心。

2. **教学条件**

学校提供“理实一体化”的教学环境，配备多媒体设备、黑（白）板、课桌椅等教学设备。企业提供集中业务培训的培训室，提供学徒轮岗训练的实践岗位，有真实的消费行为分析业务提供处理。

十一、教学评价

（1）本课程应充分体现现代学徒制高职教育教学的特点，采用阶段评价、过程性评价与目标评价相结合，项目评价、理论与实践一体化评价模式。

（2）注重多元化评价，具体结合学徒到课率、课堂提问和小组讨论、学徒任务完成情况、现场实践、小组汇报等方面予以综合衡量评价。

（3）应注重学生动手能力和在实践中分析问题、解决问题能力的考核，对在学习和应用上有创新的学生应予以特别激励。

（4）应注重培养学生的发散思维能力和学习能力，对于思维敏捷、有独到的个人见解的学生应予以特别鼓励。

（5）由校企“双导师”根据学徒的课程任务完成情况进行考核。其中校内导师评价占50%，主要考核学徒的学习态度以及知识掌握情况；企业导师（师傅）评价占50%，主要考核学徒在岗位技能训练中的表现和岗位任务完成情况。

附：消费行为分析课程结构图（见图2－3）。

（撰稿人：门洪亮、张晓青）

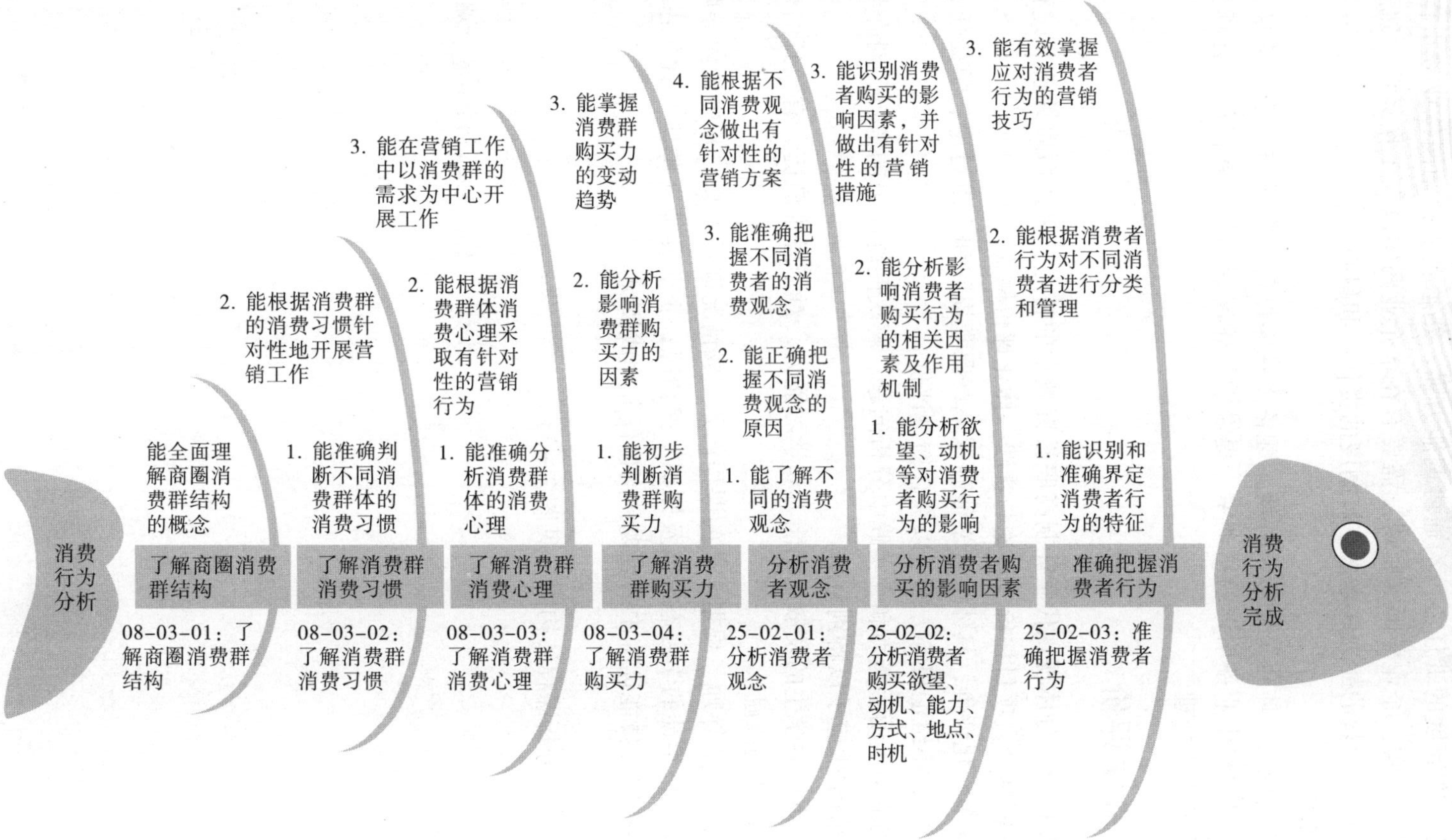

图 2-3 消费行为分析课程结构图

专业技术技能课程：推销实务课程标准（二年制）

一、课程名称

推销实务。

二、适用专业及面向岗位

适用于现代学徒制市场营销专业或现代学徒制工商企业管理专业、连锁经营管理专业。面向销售管理岗位。

三、课程性质

本课程是现代学徒制市场营销专业技术技能课程，是现代学徒制学生掌握从事营销工作岗位必备能力的一门课程。该课程旨在使学生通过系统的学习和训练，掌握现代推销的理论与技巧，培养和提高其正确分析和解决问题的能力，为日后从事销售管理等相关工作准备必要的知识，并提高工作能力。

四、课程设计

课程设计的总体思路：立足商业企业推销工作实际，抽取在企业岗位工作中应用最为频繁的推销知识和技能，以实际工作岗位的推销技能作为教学内容，以推销人员处理业务的工作顺序来组织教学过程，以企业推销的实际状况为背景，结合实际的岗位工作进行训练。

五、课程教学目标

1. 职业素养目标

(1) 具有发现问题、解决问题的能力和意识。

(2) 具有责任意识。

(3) 具有沟通交流的技巧。

(4) 具有抗压能力。

(5) 具有团队合作能力。

(6) 具有不断创新的意识。

(7) 具有组织能力。

(8) 具有信息处理能力。

2. 专业能力目标

(1) 能掌握发现顾客的方法和技巧。

（2）能准确评估顾客。
（3）能学会倾听顾客。
（4）能有针对性地推介商品。
（5）能有效识别成交信号。
（6）能抓住成交机会。
（7）能合理运用成交方法。
（8）能说服顾客成交。

六、参考学时与学分

参考学时：54 学时。
参考学分：3 学分。

七、课程结构

推销实务课程结构见表 2－4。

表 2－4　推销实务课程结构

序号	学习任务（单元、模块）	对接典型工作任务及职业能力要求	知识、技能、态度要求	教学活动设计	学时
1	发现顾客	09－01	1. 能了解潜在顾客特征 2. 能熟悉发现顾客的渠道 3. 掌握判断顾客类型的特点	1. 发现顾客的方法 2. 小组任务 3. 小组任务汇报 4. 企业现场实践，校企导师现场指导	6
2	评估顾客	09－03	1. 能判断顾客的购买力 2. 能有效识别顾客需求 3. 能识别顾客的购买决策权	1. 评估顾客 2. 小组任务 3. 小组任务汇报 4. 企业现场实践，校企导师现场指导	6
3	学会倾听	10－01	1. 能了解顾客类型 2. 能了解顾客的真实需求与潜在需求 3. 能有针对性的推介 4. 能解答顾客的疑虑 5. 能打消顾客的疑虑	1. 倾听顾客 2. 情境教学 3. 现场观摩 4. 案例分析 5. 校企“双导师”企业岗位现场指导	6

续上表

序号	学习任务（单元、模块）	对接典型工作任务及职业能力要求	知识、技能、态度要求	教学活动设计	学时
4	推介商品	10－02	1. 能按照商品推介的流程介绍商品 2. 能熟悉商品推介原则 3. 能掌握商品推介的技巧 4. 会使用语言技巧 5. 能识别影响顾客购买的影响因素	1. 推介商品 2. 情境教学 3. 现场观摩 4. 案例分析 5. 校企“双导师”企业岗位现场指导	8
5	识别成交信号	12－01	1. 能识别顾客表情成交信号 2. 能识别顾客语言成交信号 3. 能识别顾客行为成交信号	1. 识别成交信号 2. 情境教学 3. 现场观摩 4. 案例分析 5. 视频教学 6. 校企“双导师”企业岗位现场指导	6
6	抓住成交机会	12－02	1. 能学会识别成交机会，反复尝试成交 2. 掌握征询顾客意见的方法	1. 抓住成交机会的方法 2. 案例分析 3. 视频教学 4. 模拟演练 5. 校企“双导师”企业岗位现场指导	6
7	运用成交方法	12－03	会运用成交方法，如请求成交法、假定成交法、选择成交法、次要问题成交法、优惠成交法等	1. 运用成交方法 2. 案例分析 3. 视频教学 4. 模拟演练 5. 校企“双导师”企业岗位现场指导	8
8	说服顾客成交	09－04	1. 能针对不同客户类型的要求有针对性的推销 2. 能给顾客留有选择空间和自由 3. 能掌握临门一脚成交法	1. 说服顾客 2. 现场示范、演示 3. 工作现场观摩 4. 案例分析 5. 校企“双导师”企业岗位现场指导	8
合　计					54

八、资源开发与利用

1. 教材编写与使用

（1）教材是达到教学目标的手段，必须依据本课程标准编写教材，教材应充分体现任务驱动、实践导向课程的设计思想。

（2）教材应将本专业职业活动，按照商业企业商品推销业务的运作流程分解成若干典型的工作项目，按完成工作项目的需要和岗位操作规程组织教材内容。

（3）教材表达应通俗易懂、图文并茂，应针对商业企业商品推销业务的运作程序，以图解的方式直观地展现给学生，提高学生的学习兴趣，加深学生对企业客户服务内容的认识和理解。教材表达必须精炼、准确、科学。

（4）教材内容应体现先进性、通用性、实用性，要与当前商业企业推销技巧发展的进程同步，使教材更贴近本专业的发展和实际需要。

（5）教材中的活动设计内容要具体，要尽可能与商业企业推销活动相同，并在实训室环境下和企业现场具有可操作性。

2. 数字化资源开发与利用

（1）注重课程资源和现代化教学资源的开发和利用，这些资源有利于创设形象生动的工作情境，激发学生的学习兴趣，促进学生对知识的理解和掌握。同时，建议加强课程资源的开发，建立多媒体课程资源的数据库，实现多媒体资源的共享。

（2）不断完善教学课件质量，并加强教学指导书的建设，以增强教学指导的针对性和操作性。

（3）完善网上教学资源，充分利用网络资源，优化教学手段，调动学生学习积极性，提升学生勤于思考、善于创造的能力。

（4）充分开发联合培养企业工作现场的视频资料，用于教学。

3. 企业岗位培养资源的开发与利用

本课程以校企“双导师”联合讲授、企业现场观摩与实践的形式开展，需配备校企“双导师”，导师必须具备岗位带教的能力和水平；需开发和配备教师指导手册、学徒学习手册、岗位任务考核评价手册；同时需开发丰富的企业业务培训微课资源，便于学徒移动式、便利化学习。

九、教学建议

该课程是专业基础课程，采取的教学方法注重培养学生的专业能力、方法能力和社会能力。

总体教学方法是任务教学法，在教学组织方面，要注重创设工作情境，由教师根据教学要求营造和布置工作情境，然后组织学生进行课堂模拟，增加情境效果，争取真实的职业体验和职业素养养成，提高学生的岗位职业认识。学徒在“做中学”，校企“双导师”在学徒“做中教”，提高学徒的动手能力和解决问题的能力。

十、课程实施条件

1. 师资要求

本课程要求配备校企“双导师”，学校专业导师需要具备在合作企业半年以上企业实践经验，具有本专业或相关专业硕士以上学历，拥有高等职业学校教师资格证，有中级及以上职称，有高度的责任心，沟通协调能力强，熟悉企业营销岗位业务工作内容、工作职责和工作流程。企业导师（师傅）需要有在本企业两年以上工作经验，熟悉营销岗位业务，有岗位带教的能力和水平，有高度的责任心和耐心。

2. 教学条件

学校提供“理实一体化”的教学环境，配备多媒体设备、黑（白）板、课桌椅等教学设备。企业提供集中业务培训的培训室，提供学徒轮岗训练的营销岗位，有真实的推销业务提供处理。

十一、教学评价

（1）本课程应充分体现现代学徒制高职教育教学的特点，采取阶段评价、过程性评价与目标评价相结合，项目评价、理论与实践一体化评价模式。

（2）注重多元化评价，具体结合学徒到课率、课堂提问和小组讨论、学徒任务完成情况、现场实践、小组汇报等方面予以综合衡量评价。

（3）应注重学徒动手能力和在实践中分析问题、解决问题能力的考核，对在学习和应用上有创新的学徒应予以特别激励。

（4）应注重培养学徒的发散思维和学习能力，对于思维敏捷、有独到的个人见解的学徒应予以特别鼓励。

（5）由校企“双导师”根据学徒的课程任务完成情况进行考核。其中校内导师评价占50%，主要考核学徒的学习态度以及知识掌握情况；企业导师（师傅）评价占50%，主要考核学徒在岗位技能训练中的表现和岗位任务完成情况。

附：达成交易任务结构图（见图2－4）。

（撰稿人：门洪亮、张晓青）

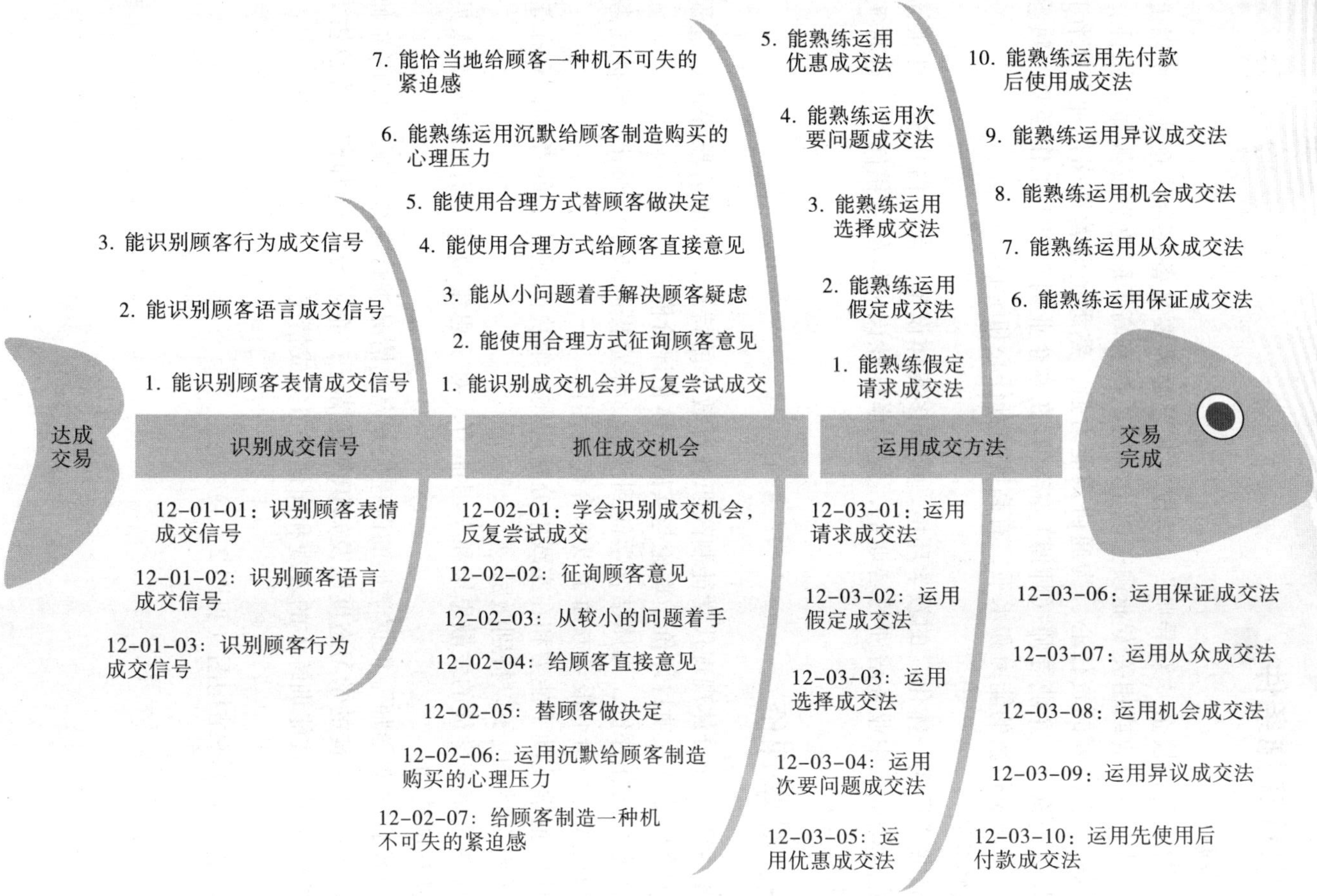

图 2-4　达成交易任务结构图

专业技术技能课程：客户服务与管理课程标准（二年制）

一、课程名称

客户服务与管理。

二、适用专业及面向岗位

适用于现代学徒制市场营销专业或现代学徒制工商企业管理专业、连锁经营管理专业。面向客户服务岗位。

三、课程性质

本课程是现代学徒制市场营销专业技术技能课程，是现代学徒制学生掌握从事客户服务和营销管理工作岗位必备能力的一门课程。该课程旨在培养学徒在岗位工作中的客户服务意识，提高其客户沟通能力和客户服务水平。培养学徒在客户服务管理系统方面的实际应用能力，为从事客户服务管理工作或用客户服务的意识更好地辅助完成销售、管理、运营等工作奠定坚实的基础。这门课程在整个人才培养方案中与其他课程之间存在协同、互补的关系，为其他专业课程知识和技能的应用和深入提供一个良好的平台。

四、课程设计

课程设计的总体思路：立足岗位工作实际，以客户服务的视角，把企业销售、管理、运营等岗位工作的流程进行梳理，融入客户服务的方法和理念，以便更好地完成相应岗位工作。以实际工作岗位的客户服务技能作为教学内容，以客户服务人员处理业务的工作顺序来组织教学过程，以企业客户服务的实际状况为背景，结合实际的岗位工作训练。

五、课程教学目标

1. 职业素养目标

（1）具有发现问题、解决问题的能力和意识。
（2）具有责任意识。
（3）具有沟通交流的技巧。
（4）具有抗压能力。
（5）具有团队合作能力。
（6）具有沟通交流的技巧。
（7）具有不断创新的意识。
（8）具有组织能力。

（9）具有数字应用能力。
（10）具有信息处理能力。

2. 专业能力目标

（1）能熟知企业的服务理念。
（2）能塑造职业的形象。
（3）能运用服务礼仪。
（4）能处理好顾客异议。
（5）能处理好顾客投诉。
（6）能进行门店服务管理。
（7）能进行门店客源管理。

六、参考学时与学分

参考学时：54 学时。
参考学分：3 学分。

七、课程结构

客户服务与管理课程结构见表 2 –5。

表 2 –5　客户服务与管理课程结构

序号	学习任务（单元、模块）	对接典型工作任务及职业能力要求	知识、技能、态度要求	教学活动设计	学时
1	熟知企业服务理念	01 –02 –05	能全面理解企业服务理念	1. 企业现场讲解 2. 现场感受企业服务理念	4
2	规范职业形象	04 –01	1. 能正确地穿戴工装、工帽等 2. 能按要求整理仪容仪表 3. 能提升主动服务意识	1. 职业形象塑造 2. 现场演示、示范	4
3	运用服务礼仪	04 –02 09 –02 –01 09 –02 –02	1. 能正确使用服务语言 2. 能树立顾客是上帝的服务理念 3. 能在工作中以顾客的需求为中心 4. 能践行服务承诺 5. 能塑造良好的第一印象 6. 能正确运用顾客接待的礼仪	1. 运用服务礼仪 2. 现场示范、演示 3. 工作现场观摩 4. 案例分析	6

续上表

序号	学习任务（单元、模块）	对接典型工作任务及职业能力要求	知识、技能、态度要求	教学活动设计	学时
3	处理顾客异议	11－01 11－02 11－03－01 11－03－02 11－03－03 11－03－04	1. 能判断顾客异议的原因 2. 能熟练运用顾客异议处理的方法 3. 能掌握顾客异议处理的步骤	1. 顾客异议分析与处理 2. 情境教学 3. 现场观摩 4. 案例分析 5. 校企“双导师”企业岗位现场指导	8
4	处理顾客投诉	06－01－08 22－01－02 23－04	1. 能快速妥善处理顾客投诉 2. 能制订客户投诉处理流程 3. 能落实流程执行力度 4. 能填写投诉处理报告 5. 能提出改善措施	1. 顾客投诉处理 2. 情境教学 3. 现场观摩 4. 案例分析 5. 校企“双导师”企业岗位现场指导	8
5	门店服务管理	22－01－03 23－01 23－02 23－03	1. 能做好门店周围社区的各项协调工作 2. 能领会顾客服务管理的相关知识 3. 能把握顾客服务指标 4. 能分析及处理投诉个案 5. 能制定售前、售中、售后的顾客服务管理规范 6. 能进行客户服务质量跟踪 7. 能进行门店服务现场管理 8. 能进行规范的门店服务流程管理	1. 门店服务管理 2. 情境教学 3. 现场观摩 4. 案例分析 5. 视频教学 6. 校企“双导师”企业岗位现场指导	12

续上表

序号	学习任务（单元、模块）	对接典型工作任务及职业能力要求	知识、技能、态度要求	教学活动设计	学时
6	门店客源管理	24－01 24－02 24－03 24－04 24－05	1. 能掌握客户档案建立及完善的方法 2. 能进行新客户开发 3. 能掌握提高客户满意度的技巧 4. 能把握提高顾客忠诚的技巧 5. 能挽回流失的顾客	1. 门店客源管理 2. 案例分析 3. 视频教学 4. 小组方案汇报 5. 校企“双导师”企业岗位现场指导	12
合　计					54

八、资源开发与利用

1. 教材编写与使用

（1）教材是达到教学目标的手段，必须依据本课程标准编写教材，教材应充分体现任务驱动、实践导向课程的设计思想。

（2）教材应将本专业职业活动按照商业企业客户服务管理的运作流程，分解成若干典型的工作项目，按完成工作项目的需要和岗位操作规程组织教材内容。

（3）教材表达应通俗易懂、图文并茂，应针对商业企业客户服务管理的各项业务的运作程序以图解的方式直观地展现给学生，提高学生的学习兴趣，加深学生对企业客户服务内容的认识和理解。教材表达必须精练、准确、科学。

（4）教材内容应体现先进性、通用性、实用性，要与我国当前客户服务管理发展的进程同步，从而使教材更贴近本专业的发展和实际需要。

（5）教材中的活动设计内容要具体，要尽可能与商业企业客户服务管理活动相同，并在实训室环境下和企业现场具有可操作性。

2. 数字化资源开发与利用

（1）注重课程资源和现代化教学资源的开发和利用，这些资源有利于创设形象生动的工作情境，激发学生的学习兴趣，促进学生对知识的理解和掌握。同时，建议加强课程资源的开发，建立多媒体课程资源的数据库，实现多媒体资源的共享。

（2）不断完善教学课件质量，并加强教学指导书的建设，以增强教学指导的针对性和操作性。

（3）在建设现有校内实训室的基础上，购进客户关系管理（CRM）的软件，以培养学生的实训操作能力。

（4）完善网上教学资源，充分利用网络资源，优化教学手段，调动学生学习积极性，提升学生勤于思考、善于创造的能力。

（5）充分开发联合培养企业工作现场的视频资料，用于教学。

3. 企业岗位培养资源的开发与利用

本课程以校企“双导师”联合讲授、企业现场观摩与实践的形式开展，需配备校企“双导师”，导师必须具备岗位带教的能力和水平；需开发和配备教师指导手册、学徒学习手册、岗位任务考核评价手册；同时需开发丰富的企业业务培训微课资源，便于学徒移动式、便利化学习。

九、教学建议

该课程是专业基础课程，采取的教学方法注重培养学生的专业能力、方法能力和社会能力。

总体教学方法是任务教学法。在教学组织方面，要注重创设工作情境，由教师根据教学要求营造和布置工作情境，然后组织学生进行课堂模拟，增加情境效果，争取真实的职业体验和职业素养养成，提高学生的岗位职业认识。学徒在“做中学”，校企“双导师”在学徒“做中教”，提高学徒的动手能力和解决问题的能力。

十、课程实施条件

1. 师资要求

本课程要求配备校企“双导师”，学校专业导师需要具备在合作企业半年以上企业实践经验，具有本专业或相关专业硕士以上学历，拥有高等职业学校教师资格证，有中级及以上职称，有高度的责任心，沟通协调能力强，熟悉企业客户服务岗位或营销岗位业务工作内容、工作职责和工作流程。企业导师（师傅）需要有在本企业两年以上工作经验，熟悉客户服务或营销岗位业务，有岗位带教的能力和水平，有高度的责任心和耐心。

2. 教学条件

学校提供“理实一体化”的教学环境，配备多媒体设备、黑（白）板、课桌椅等教学设备。企业提供集中业务培训的培训室，提供学徒轮岗训练的客户服务岗位，有真实的客户服务与管理业务提供处理。

十一、教学评价

（1）本课程应充分体现现代学徒制高职教育教学的特点，采用阶段评价、过程性评价与目标评价相结合，项目评价、理论与实践一体化评价模式。

（2）注重多元化评价，具体结合学徒到课率、课堂提问和小组讨论、学徒任务完成情况、现场实践、小组汇报等方面予以综合衡量评价。

（3）应注重学生动手能力和在实践中分析问题、解决问题能力的考核，对在学习和应用上有创新的学生应予以特别激励。

（4）应注重培养学生的发散思维能力和学习能力，对于思维敏捷、有独到的个人见解的学生应予以特别鼓励。

（5）由校企“双导师”根据学徒的课程任务完成情况进行考核。其中校内导师评价占50%，主要考核学徒的学习态度以及知识掌握情况；企业导师（师傅）评价占50%，主要考核学徒在岗位技能训练中的表现和岗位任务完成情况。

附：顾客异议处理任务结构图（见图2-5）。

（撰稿人：门洪亮、杨问芝）

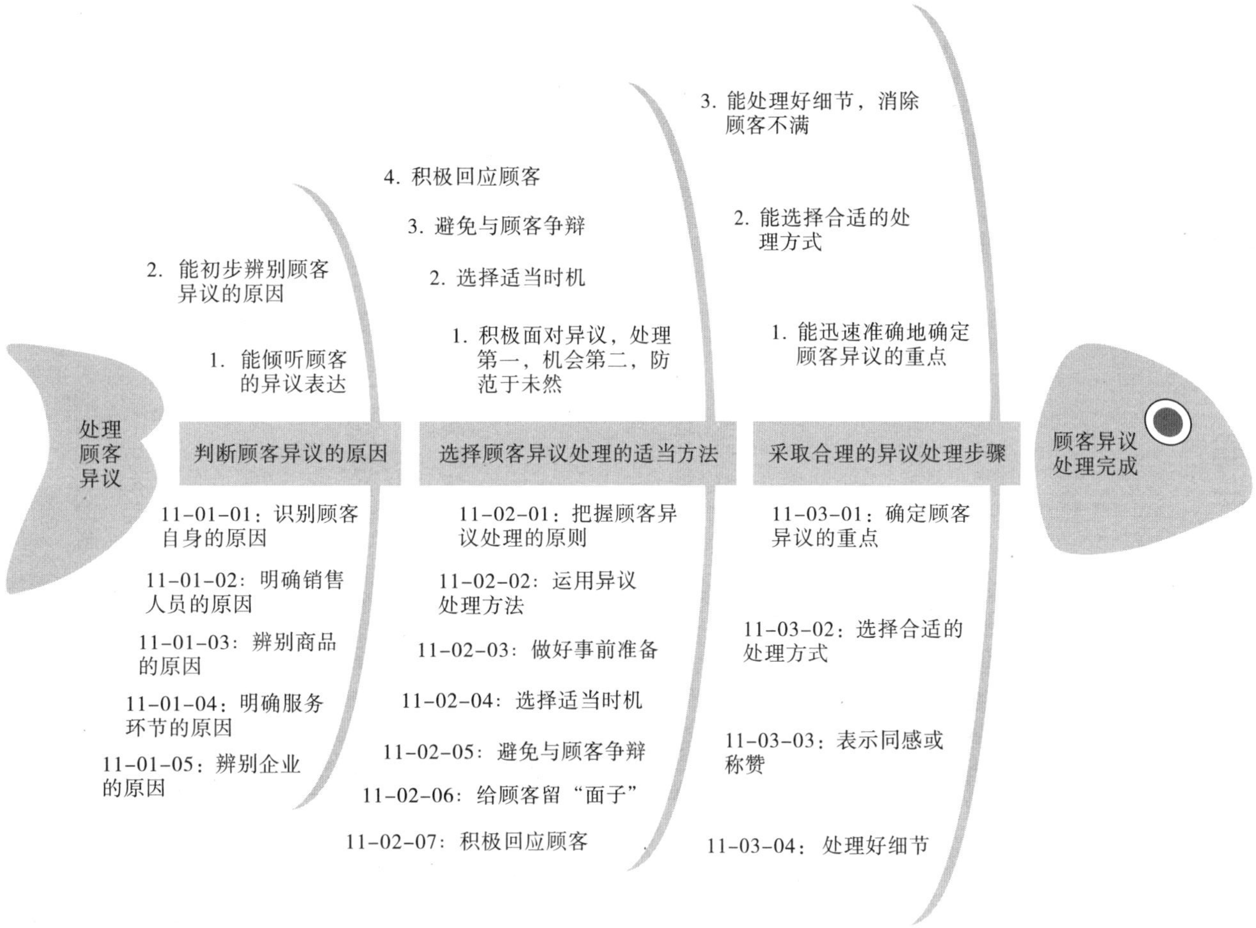

图 2-5 顾客异议处理任务结构图

专业技术技能课程：营销策划课程标准
（二年制）

一、课程名称

营销策划。

二、适用专业及面向岗位

适用于现代学徒制市场营销专业或现代学徒制工商企业管理专业、连锁经营管理专业。面向营销策划岗位。

三、课程性质

本课程是现代学徒制市场营销专业技术技能课程，是现代学徒制学生掌握从事营销管理工作岗位必备能力的一门课程。该课程旨在使学生通过系统的学习和训练，掌握营销策划的理论与技巧，培养和提高其正确分析和解决问题的能力，为日后从事营销策划等相关工作准备必要的知识和工作能力。

四、课程设计

课程设计的总体思路：立足商业企业营销策划工作实际，抽取在企业岗位工作中应用最为频繁的营销策划知识和技能，以实际工作岗位的营销策划技能作为教学内容，以营销策划人员处理业务的工作顺序来组织教学过程，以企业营销策划的实际状况为背景，结合实际的岗位工作进行训练。

五、课程教学目标

1. 职业素养目标

（1）具有发现问题、解决问题的能力和意识。

（2）具有较好的方案制订、汇报、执行、总结能力。

（3）具有沟通交流的技巧。

（4）具有革新创新意识和能力。

（5）具有信息处理能力。

（6）具有数字应用能力。

（7）具有团队合作能力。

（8）具有组织能力。

2. **专业能力目标**

（1）能进行门店营销调研。

（2）能开展门店布局策划。

（3）能进行门店商品组合策划。

（4）能进行门店价格策划。

（5）能进行门店渠道拓展策划。

（6）能进行门店促销策划。

六、参考学时与学分

参考学时：54 学时。

参考学分：3 学分。

七、课程结构

营销策划课程结构见表 2 - 6。

表 2 - 6　营销策划课程结构

序号	学习任务（单元、模块）	对接典型工作任务及职业能力要求	知识、技能、态度要求	教学活动设计	学时
1	门店营销调研策划	08 - 01 08 - 02 08 - 03 08 - 04	1. 能全面了解商品 2. 能了解营销重点 3. 能调研消费群特征 4. 能熟悉竞争环境	1. 了解营销调研策划 2. 案例分析 3. 小组任务 4. 企业现场调研	8
2	门店布局策划	18 - 01	1. 能根据门店位置的优劣进行布局策划 2. 能根据商品性质进行布局策划 3. 能根据磁石点进行布局策划 4. 能根据顾客的购买顺序与购买频率进行布局策划 5. 能根据顾客的其他新因素进行布局策划	1. 门店布局策划 2. 小组现场调研 3. 小组任务方案制订 4. 小组任务方案汇报 5. 企业现场实践，校企导师现场指导	8

续上表

序号	学习任务（单元、模块）	对接典型工作任务及职业能力要求	知识、技能、态度要求	教学活动设计	学时
3	门店商品组合策划	19－01 19－02	1. 能了解商品品类的相关概念 2. 能设计商品结构的宽度和深度 3. 能设计商品结构层级 4. 能辨别影响商品组合的因素 5. 能策划适合门店的商品组织结构 6. 能定位商品结构的价格带 7. 能策划商品结构的品牌组合	1. 门店商品组合策划 2. 小组现场调研 3. 小组任务方案制订 4. 小组任务方案汇报 5. 企业现场实践，校企导师现场指导	8
4	门店价格策划	19－05	1. 能制订商品价格策略 2. 能有效选择商品定价方法 3. 能识别影响商品定价的因素 4. 能根据情况进一步优化商品价格 5. 能实时调整促销商品价格	1. 门店价格策划 2. 小组现场调研 3. 小组任务方案制订 4. 小组任务方案汇报 5. 企业现场实践，校企导师现场指导	10
5	渠道策划	20－04	1. 能策划业务拓展方案 2. 能借助信息技术开辟新销售渠道	1. 渠道策划 2. 小组现场调研 3. 小组任务方案制订 4. 小组任务方案汇报 5. 企业现场实践，校企导师现场指导	10
6	门店促销策划	16－01－01 16－01－02	1. 能制订促销调研方案 2. 能进行促销广告策划 3. 能进行营业推广策划 4. 能制定人员推销策划 5. 能制定公共关系策划	1. 制订促销策划方案 2. 案例分析 3. 小组企业现场调研 4. 小组方案制订 5. 小组方案汇报 6. 校企“双导师”企业岗位现场指导	10
合计					54

八、资源开发与利用

（一）教材编写与使用

（1）教材是达到教学目标的手段，必须依据本课程标准编写教材，教材应充分体现任务驱动、实践导向课程的设计思想。

（2）教材应将本专业职业活动，按照商业企业营销策划的运作流程分解成若干典型的工作项目，按完成工作项目的需要和岗位操作规程组织教材内容。

（3）教材表达应通俗易懂、图文并茂，应针对商业企业营销策划的各项业务的运作程序，以图解的方式直观地展现给学生，提高学生的学习兴趣，加深学生对企业客户服务内容的认识和理解。教材表达必须精练、准确、科学。

（4）教材内容应体现先进性、通用性、实用性，要与当前商业企业营销策划发展的进程同步，从而使教材更贴近本专业的发展和实际需要。

（5）教材中的活动设计内容要具体，要尽可能与商业企业营销策划活动相同，并在实训室环境下和企业现场具有可操作性。

（二）数字化资源开发与利用

（1）注重课程资源和现代化教学资源的开发和利用，这些资源有利于创设形象生动的工作情境，激发学生的学习兴趣，促进学生对知识的理解和掌握。同时，建议加强课程资源的开发，建立多媒体课程资源的数据库，实现多媒体资源的共享。

（2）不断完善教学课件质量，并加强教学指导书的建设，以增强教学指导的针对性和操作性。

（3）完善网上教学资源，充分利用网络资源，优化教学手段，调动学生学习积极性，启发学生培养勤于思考、善于创造的能力。

（4）充分开发联合培养企业工作现场的视频资料，用于教学。

（三）企业岗位培养资源的开发与利用

本课程以校企“双导师”联合讲授、企业现场观摩与实践的形式开展，需配备校企“双导师”，导师必须具备岗位带教的能力和水平。需开发和配备教师指导手册、学徒学习手册、岗位任务考核评价手册，同时需开发丰富的企业业务培训微课资源，便于学徒移动式、便利化学习。

九、教学建议

该课程是专业基础课程，采取的教学方法注重培养学生的专业能力、方法能力和社会能力。

总体教学方法是任务教学法，在教学组织方面，要注重创设工作情境，由教师根据教学要求营造和布置工作情境，然后组织学生进行课堂模拟，增加情境效果，争取真实的职业体验和职业素养养成，提高学生的岗位职业认识。学徒在“做中学”，校企“双导师”在学徒“做中教”，提高学徒的动手能力和解决问题的能力。

十、课程实施条件

1. **师资要求**

本课程要求配备校企“双导师”，学校专业导师需要具备在合作企业半年以上的企业实践经验，具有本专业或相关专业硕士以上学历，拥有高等职业学校教师资格证，有中级及以上职称，有高度的责任心，沟通协调能力强，熟悉企业营销岗位业务工作内容、工作职责和工作流程。企业导师（师傅）需要有在本企业两年以上的工作经验，熟悉营销岗位业务，有岗位带教的能力和水平，有高度的责任心和耐心。

2. **教学条件**

学校提供“理实一体化”的教学环境，配备多媒体设备、黑（白）板、课桌椅等教学设备。企业提供集中业务培训的培训室，提供学徒轮岗训练的营销策划岗位，有真实的营销策划业务提供处理。

十一、教学评价

（1）本课程应充分体现现代学徒制高职教育教学的特点，采用阶段评价、过程性评价与目标评价相结合，项目评价、理论与实践一体化评价模式。

（2）注重多元化评价，具体结合学徒到课率、课堂提问和小组讨论、学徒任务完成情况、现场实践、小组汇报等方面予以综合衡量评价。

（3）应注重学徒动手能力和在实践中分析问题、解决问题能力的考核，对在学习和应用上有创新的学徒应予以特别激励。

（4）应注重培养学徒的发散思维能力和学习能力，对于思维敏捷、有独到的个人见解的学徒应予以特别鼓励。

（5）由校企“双导师”根据学徒的课程任务完成情况进行考核。其中校内导师评价占50%，主要考核学徒的学习态度以及知识掌握情况；企业导师（师傅）评价占50%，主要考核学徒在岗位技能训练中的表现和岗位任务完成情况。

附：商业连锁门店营销策划任务结构图（见图2－6）。

（撰稿人：门洪亮、李霞）

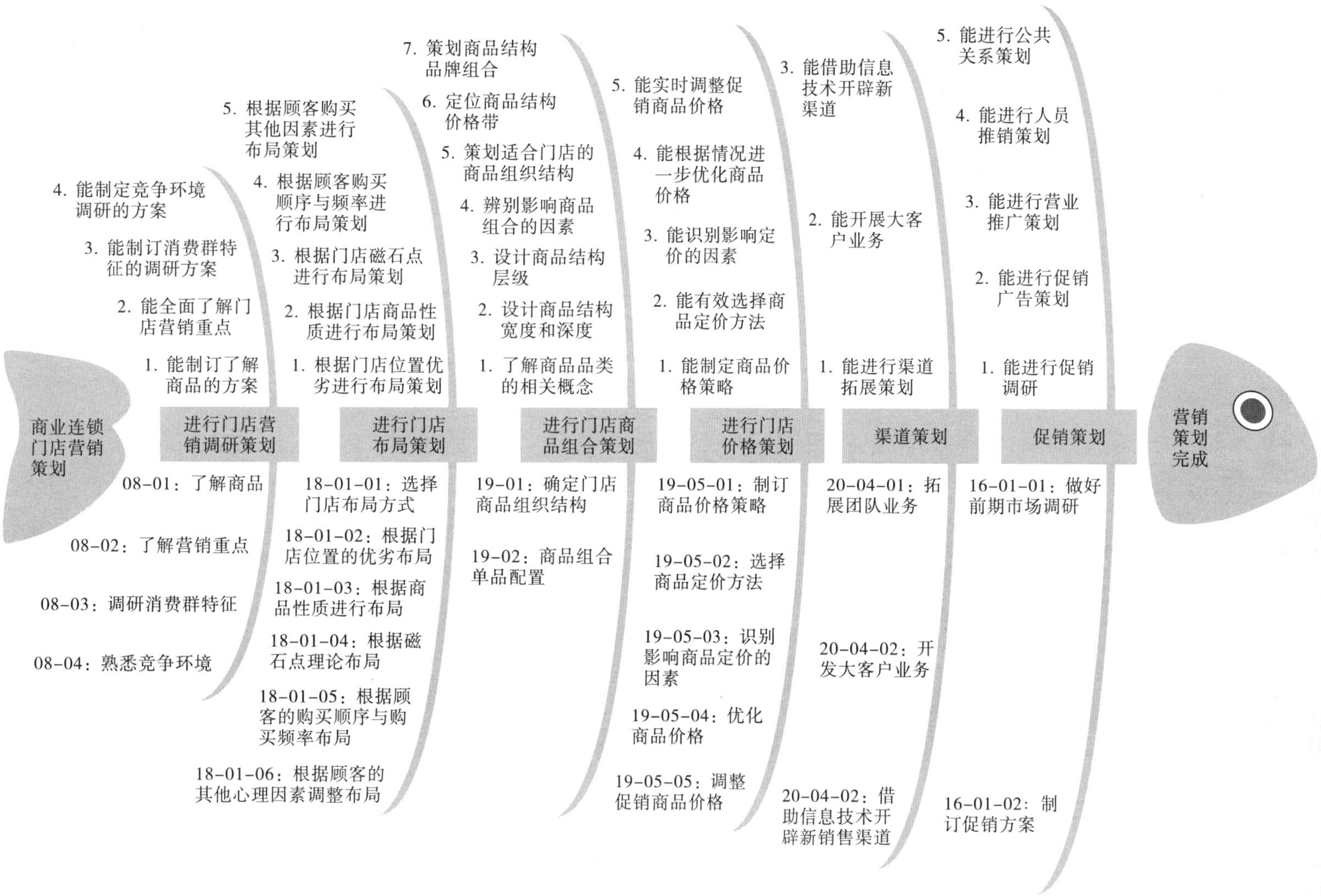

图 2-6 商业连锁门店营销策划任务结构图

专业技术技能课程：市场营销实务课程标准（三年制）

一、课程名称

市场营销实务。

二、适用专业及面向岗位

适用于现代学徒制市场营销专业或现代学徒制工商企业管理专业、连锁经营管理专业。面向销售管理岗位。

三、课程性质

本课程是现代学徒制市场营销专业技术技能课程，是现代学徒制学生掌握从事营销工作岗位必备能力的一门课程。该课程旨在使学徒在掌握市场营销基本知识、基本理论的基础上，切实掌握营销调查、市场定位、营销组合等实务的操作方法和技术，了解国内外行业企业市场营销的最新动态和最新理论，培养学徒在市场营销岗位工作中的实践操作能力，提高学生的分析问题和解决问题的能力。这门课程在整个人才培养方案中与其他课程之间存在奠定基础、协同的关系，为其他专业课程知识和技能的应用和深入提供一个良好的基础。

四、课程设计

课程设计的总体思路：立足商业企业营销工作实际，抽取在企业岗位工作中应用最为频繁的营销知识和技能，以实际工作岗位的营销技能作为教学内容，以营销人员处理业务的工作顺序来组织教学过程，以企业营销的实际状况为背景，结合实际的岗位工作进行训练。

五、课程教学目标

1. 职业素养目标

（1）具有发现问题、解决问题的能力和意识。

（2）具有数字应用的能力。

（3）具有沟通交流的技巧。

（4）具有学习行业知识、产品知识、管理知识、市场新趋势的学习能力。

（5）具有革新创新的意识。

（6）具有信息处理的能力。

（7）具有团队合作能力。

(8) 具有组织能力。
(9) 具有抗压能力。

2. **专业能力目标**

(1) 能了解市场。
(2) 能把握顾客需求。
(3) 能制订市场定位策略。
(4) 能制订营销组合策略。
(5) 能编制营销计划。

六、参考学时与学分

参考学时：72 学时。
参考学分：4 学分。

七、课程结构

市场营销实务课程结构见表 2－7。

表 2－7 市场营销实务课程结构

序号	学习任务（单元、模块）	对接典型工作任务及职业能力要求	知识、技能、态度要求	教学活动设计	学时
1	了解市场	25－01	1. 能了解市场调研方法 2. 能熟练使用调研工具 3. 能对调研结果进行分析	1. 市场调研分析 2. 小组现场调研 3. 小组任务方案制订 4. 小组任务方案汇报 5. 企业现场实践，校企导师现场指导	10
2	把握顾客需求	25－02	1. 能分析消费者观念 2. 能分析消费者购买欲望、动机、能力、方式、地点、时机 3. 能准确把握消费者行为	1. 顾客需求分析 2. 小组任务 3. 小组任务汇报 4. 企业现场实践，校企导师现场指导	12
3	制订市场定位策略	25－03	1. 能准确分析目标市场 2. 能进行市场细分 3. 能进行合理的市场选择 4. 能进行目标市场定位	1. 制订市场定位 2. 小组任务训练 3. 小组任务汇报 4. 企业现场实践，校企导师现场指导	20

续上表

序号	学习任务（单元、模块）	对接典型工作任务及职业能力要求	知识、技能、态度要求	教学活动设计	学时
4	制订营销组合策略	25－04	1. 能制订产品策略 2. 能制订价格策略 3. 能制订渠道策略 4. 能指导促销策略	1. 营销组合策略制订 2. 小组任务 3. 小组任务汇报 4. 企业现场实践，校企导师现场指导	20
5	编制营销计划	25－05	1. 能进行营销现状分析 2. 能发现问题与机会 3. 能确定营销目标 4. 能运用营销策略，编写营销计划书	1. 编制营销计划 2. 小组任务 3. 小组任务汇报 4. 企业现场实践，校企导师现场指导	10
合计					72

八、资源开发与利用

1. 教材编写与使用

（1）教材是达到教学目标的手段，必须依据本课程标准编写教材，教材应充分体现任务驱动、实践导向课程的设计思想。

（2）教材应将本专业职业活动按照商业企业市场营销的运作流程，分解成若干典型的工作项目，按完成工作项目的需要和岗位操作规程组织教材内容。

（3）教材表达应通俗易懂、图文并茂，应针对商业企业市场营销的各项业务的运作程序，以图解的方式直观地展现给学生，提高学生的学习兴趣，加深学生对市场营销的认识和理解。教材表达必须精练、准确、科学。

（4）教材内容应体现先进性、通用性、实用性，要与当前商业企业市场营销发展的进程同步，从而使教材更贴近本专业的发展和实际需要。

（5）教材中的活动设计内容要具体，要尽可能与商业企业市场营销活动相同，并在实训室环境下和企业现场具有可操作性。

2. 数字化资源开发与利用

（1）注重课程资源和现代化教学资源的开发和利用，这些资源有利于创设形象生动的工作情境，激发学生的学习兴趣，促进学生对知识的理解和掌握。同时，建议加强课程资源的开发，建立多媒体课程资源的数据库，实现多媒体资源的共享。

（2）不断完善教学课件质量，并加强教学指导书的建设，以增强教学指导的针对性和操作性。

（3）完善网上教学资源，充分利用网络资源，优化教学手段，调动学生学习积极性，培养学生勤于思考、善于创造的能力。

（4）充分开发联合培养企业工作现场的视频资料，用于教学。

3. 企业岗位培养资源的开发与利用

本课程以校企“双导师”联合讲授、企业现场观摩与实践的形式开展，需配备校企“双导师”，导师必须具备岗位带教的能力和水平。需开发和配备教师指导手册、学徒学习手册、岗位任务考核评价手册，同时需开发丰富的企业业务培训微课资源，便于学徒移动式、便利化学习。

九、教学建议

该课程是专业基础课程，采取的教学方法注重培养学生的专业能力、方法能力和社会能力。

总体教学方法是任务教学法，在教学组织方面，要注重创设工作情境，由教师根据教学要求营造和布置工作情境，然后组织学生进行课堂模拟，增加情境效果，争取真实的职业体验和职业素养养成，提高学生的岗位职业认识。学徒在“做中学”，校企“双导师”在学徒“做中教”，提高学徒的动手能力和解决问题的能力。

十、课程实施条件

1. 师资要求

本课程要求配备校企“双导师”，学校专业导师需要具备在合作企业半年以上的企业实践经验，具有本专业或相关专业硕士以上学历，拥有高等职业学校教师资格证，有中级及以上职称，有高度的责任心，沟通协调能力强，熟悉企业营销岗位业务工作内容、工作职责和工作流程。企业导师（师傅）需要有在本企业两年以上的工作经验，熟悉企业营销岗位业务，有岗位带教的能力和水平，有高度的责任心和耐心。

2. 教学条件

学校提供“理实一体化”的教学环境，配备多媒体设备、黑（白）板、课桌椅等教学设备。企业提供集中业务培训的培训室，提供学徒轮岗训练的营销岗位，有真实的营销管理业务提供处理。

十一、教学评价

（1）本课程应充分体现现代学徒制高职教育教学的特点，采用阶段评价、过程性评价与目标评价相结合，项目评价、理论与实践一体化评价模式。

（2）注重多元化评价，具体结合学徒到课率、课堂提问和小组讨论、学徒任务完成情况、现场实践、小组汇报等方面予以综合衡量评价。

（3）应注重学徒动手能力和在实践中分析问题、解决问题能力的考核，对在学习和应用上有创新的学徒应予以特别激励。

（4）应注重培养学徒的发散思维能力和学习能力，对于思维敏捷、有独到的个人见解的学徒应予以特别鼓励。

（5）由校企“双导师”根据学徒的课程任务完成情况进行考核。其中校内导师评价占50%，主要考核学徒的学习态度以及知识掌握情况；企业导师（师傅）评价占50%，主要考核学徒在岗位技能训练中的表现和岗位任务完成情况。

附：市场营销实务课程结构图（见图2－7）。

（撰稿人：门洪亮、张晓青）

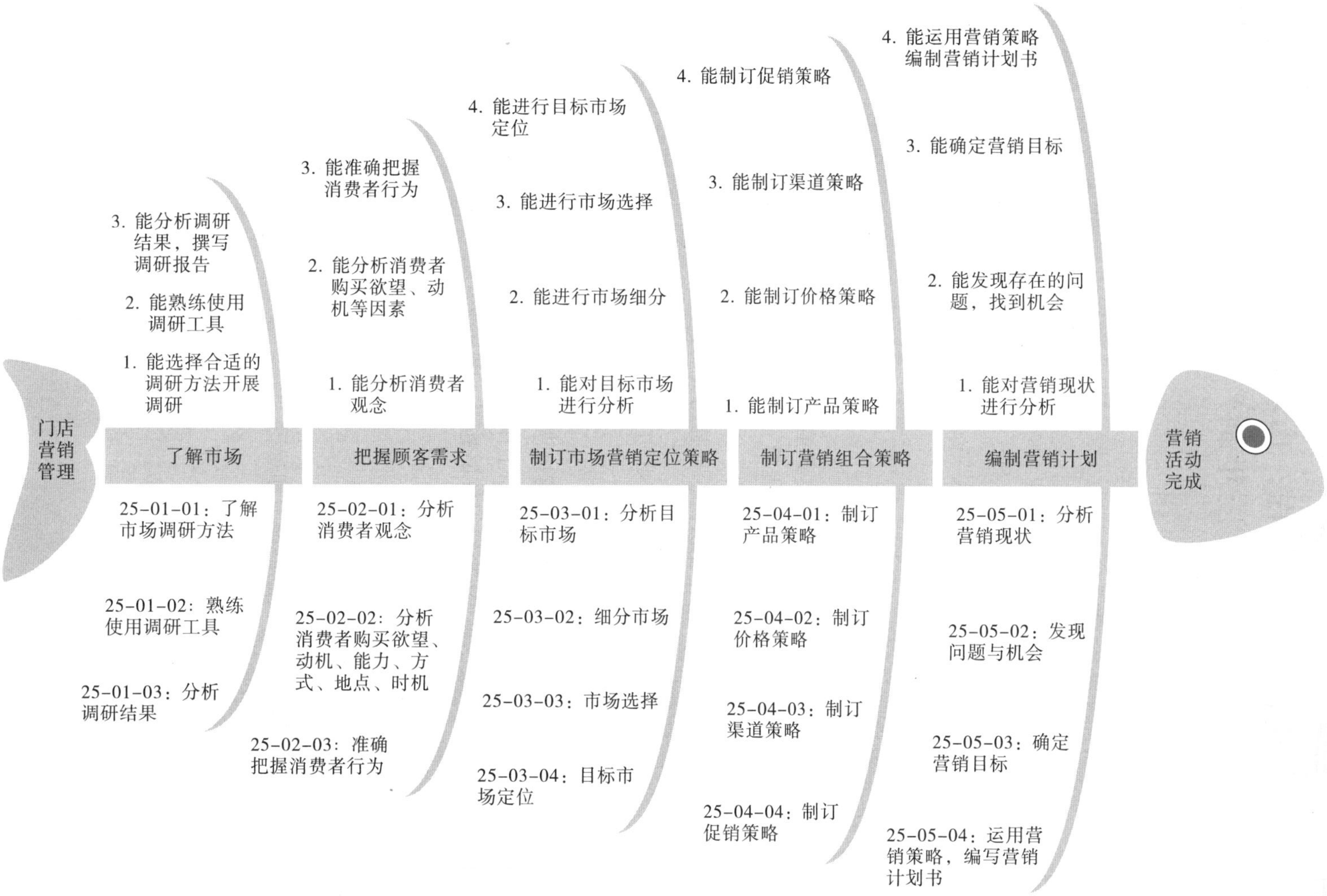

图 2-7　市场营销实务课程结构图

专业技术技能课程：市场调研课程标准（三年制）

一、课程名称

市场调研。

二、适用专业及面向岗位

适用于现代学徒制市场营销专业或现代学徒制工商企业管理专业、连锁经营管理专业。面向市场调研岗位。

三、课程性质

本课程是现代学徒制市场营销专业技术技能课程，是现代学徒制学生掌握从事营销调研工作岗位必备能力的一门课程。该课程旨在培养学徒的收集市场信息、分析信息、发现问题、解决问题的能力，为开展具体的营销活动提供必要的支持。这门课程在整个人才培养方案中与其他课程之间存在协同、互补的关系，为其他专业课程知识和技能的应用和深入提供一个良好的基础。

四、课程设计

课程设计的总体思路：立足商业企业营销调研工作实际，抽取在企业岗位工作中应用最为频繁的营销调研知识和技能，以实际工作岗位的营销调研技能作为教学内容，以营销调研人员处理业务的工作顺序来组织教学过程，以企业营销调研的实际状况为背景，结合实际的岗位工作进行训练。

五、课程教学目标

1. 职业素养目标

（1）具有发现问题、解决问题的能力和意识。
（2）具有沟通交流的技巧。
（3）具有数字应用能力。
（4）具有信息处理能力。
（5）具有团队合作能力。
（6）具有不断创新的意识。
（7）具有组织能力。

2. 专业能力目标

（1）能掌握调研方法。

（2）能熟练使用调研工具。

（3）能收集资料、信息，进行分析并撰写调研报告。

（4）能系统地根据主题设计调研方案。

（5）能制订调研执行计划、组织并实施。

（6）能够制订调研策划，进行全面调研，并全面系统地分析调研结果，在市场调研的基础上，提出创意，制订各类营销战略、策略及具体的行动方案。

（7）能开展促销调研。

（8）能开展商圈调研分析。

六、参考学时与学分

参考学时：72 学时。

参考学分：4 学分。

七、课程结构

市场调研课程结构见表 2－8。

表 2－8　市场调研课程结构

序号	学习任务（单元、模块）	对接典型工作任务及职业能力要求	知识、技能、态度要求	教学活动设计	学时
1	了解市场调研方法	25－01－01	1. 能掌握实地调研法 2. 能掌握文案调研法 3. 能掌握网上调研法	1. 市场调研方法 2. 案例分析 3. 小组任务 4. 小组任务汇报 5. 企业现场调研	12
2	熟练使用调研工具	25－01－02	1. 能掌握抽样调研技术 2. 能掌握问卷设计技术 3. 能使用态度测量技术	1. 市场调研工具 2. 案例分析 3. 小组任务 4. 小组任务汇报 5. 企业现场调研	14
3	分析调研结果	25－01－03	1. 能对调研数据进行整理 2. 能对调研数据进行分析 3. 能撰写市场调研报告	1. 调研结果分析 2. 案例分析 3. 小组任务 4. 小组任务汇报 5. 企业现场调研	14

续上表

序号	学习任务（单元、模块）	对接典型工作任务及职业能力要求	知识、技能、态度要求	教学活动设计	学时
4	促销调研	16－01－01	1. 能掌握调研方法的使用 2. 能掌握调研工具的应用 3. 能根据调研主题确定调研方案 4. 能实施调研 5. 能分析调研结果 6. 能撰写调研报告	1. 促销调研 2. 案例分析 3. 小组任务 4. 小组任务汇报 5. 企业现场调研	16
5	门店商圈调研	27－02	1. 能掌握调研方法的使用 2. 能掌握调研工具的应用 3. 能根据调研主题确定调研方案 4. 能实施调研 5. 能分析调研结果 6. 能撰写调研报告	1. 门店商圈调研 2. 案例分析 3. 小组任务 4. 小组任务汇报 5. 企业现场调研	16
合计					72

八、资源开发与利用

1. 教材编写与使用

（1）教材是达到教学目标的手段，必须依据本课程标准编写教材，教材应充分体现任务驱动、实践导向课程的设计思想。

（2）教材应将本专业职业活动按照商业企业市场调研的运作流程，分解成若干典型的工作项目，按完成工作项目的需要和岗位操作规程组织教材内容。

（3）教材表达应通俗易懂、图文并茂，应针对商业企业市场调研的各项业务的运作程序以图解的方式直观地展现给学生，提高学生的学习兴趣，加深学生对企业客户服务内容的认识和理解。教材表达必须精练、准确、科学。

（4）教材内容应体现先进性、通用性、实用性，要与当前商业企业市场调研发展的进程同步，从而使教材更贴近本专业的发展和实际需要。

（5）教材中的活动设计内容要具体，要尽可能与商业企业市场调研活动相同，并在实训室环境下和企业现场具有可操作性。

2. **数字化资源开发与利用**

（1）注重课程资源和现代化教学资源的开发和利用，这些资源有利于创设形象生动的工作情境，激发学生的学习兴趣，促进学生对知识的理解和掌握。同时，建议加强课程资源的开发，建立多媒体课程资源的数据库，实现多媒体资源的共享。

（2）不断完善教学课件质量，并加强教学指导书的建设，以增强教学指导的针对性和操作性。

（3）完善网上教学资源，充分利用网络资源，优化教学手段，调动学生学习积极性，培养学生勤于思考、善于创造的能力。

（4）充分开发联合培养企业工作现场的视频资料，用于教学。

3. **企业岗位培养资源的开发与利用**

本课程以校企“双导师”联合讲授、企业现场观摩与实践的形式开展，需配备校企“双导师”，导师必须具备岗位带教的能力和水平。需开发和配备教师指导手册、学徒学习手册、岗位任务考核评价手册，同时需开发丰富的企业业务培训微课资源，便于学徒移动式、便利化学习。

九、教学建议

该课程是专业基础课程，采取的教学方法注重培养学生的专业能力、方法能力和社会能力。

总体教学方法是任务教学法。在教学组织方面，要注重创设工作情境，由教师根据教学要求营造和布置工作情境，然后组织学生进行课堂模拟，增加情境效果，争取真实的职业体验和职业素养养成，提高学生的岗位职业认识。学徒在“做中学”，校企“双导师”在学徒“做中教”，提高学徒的动手能力和解决问题的能力。

十、课程实施条件

1. **师资要求**

本课程要求配备校企“双导师”，学校专业导师需要具备在合作企业半年以上的企业实践经验，具有本专业或相关专业硕士以上学历，拥有高等职业学校教师资格证，有中级及以上职称，有高度的责任心，沟通协调能力强，熟悉商业企业营销岗位业务工作内容、工作职责和工作流程。企业导师（师傅）需要有在本企业两年以上的工作经验，熟悉营销调研岗位业务，有岗位带教的能力和水平，有高度的责任心和耐心。

2. **教学条件**

学校提供“理实一体化”的教学环境，配备多媒体设备、黑（白）板、课桌椅等教学设备。企业提供集中业务培训的培训室，提供学徒轮岗训练的营销调研岗位，有真实的营销调研业务提供处理。

十一、教学评价

（1）本课程应充分体现现代学徒制高职教育教学的特点，采用阶段评价、过程性评价与目标评价相结合，项目评价、理论与实践一体化评价模式。

（2）注重多元化评价，具体结合学徒到课率、课堂提问和小组讨论、学徒任务完成情况、现场实践、小组汇报等方面予以综合衡量评价。

（3）应注重学徒动手能力和在实践中分析问题、解决问题能力的考核，对在学习和应用上有创新的学徒应予以特别激励。

（4）应注重培养学徒的发散思维能力和学习能力，对于思维敏捷、有独到的个人见解的学徒应予以特别鼓励。

（5）由校企“双导师”根据学徒的课程任务完成情况进行考核。其中校内导师评价占50%，主要考核学徒的学习态度以及知识掌握情况；企业导师（师傅）评价占50%，主要考核学徒在岗位技能训练中的表现和岗位任务完成情况。

附：市场调研课程结构图（见图2－8）。

（撰稿人：门洪亮、李引霞）

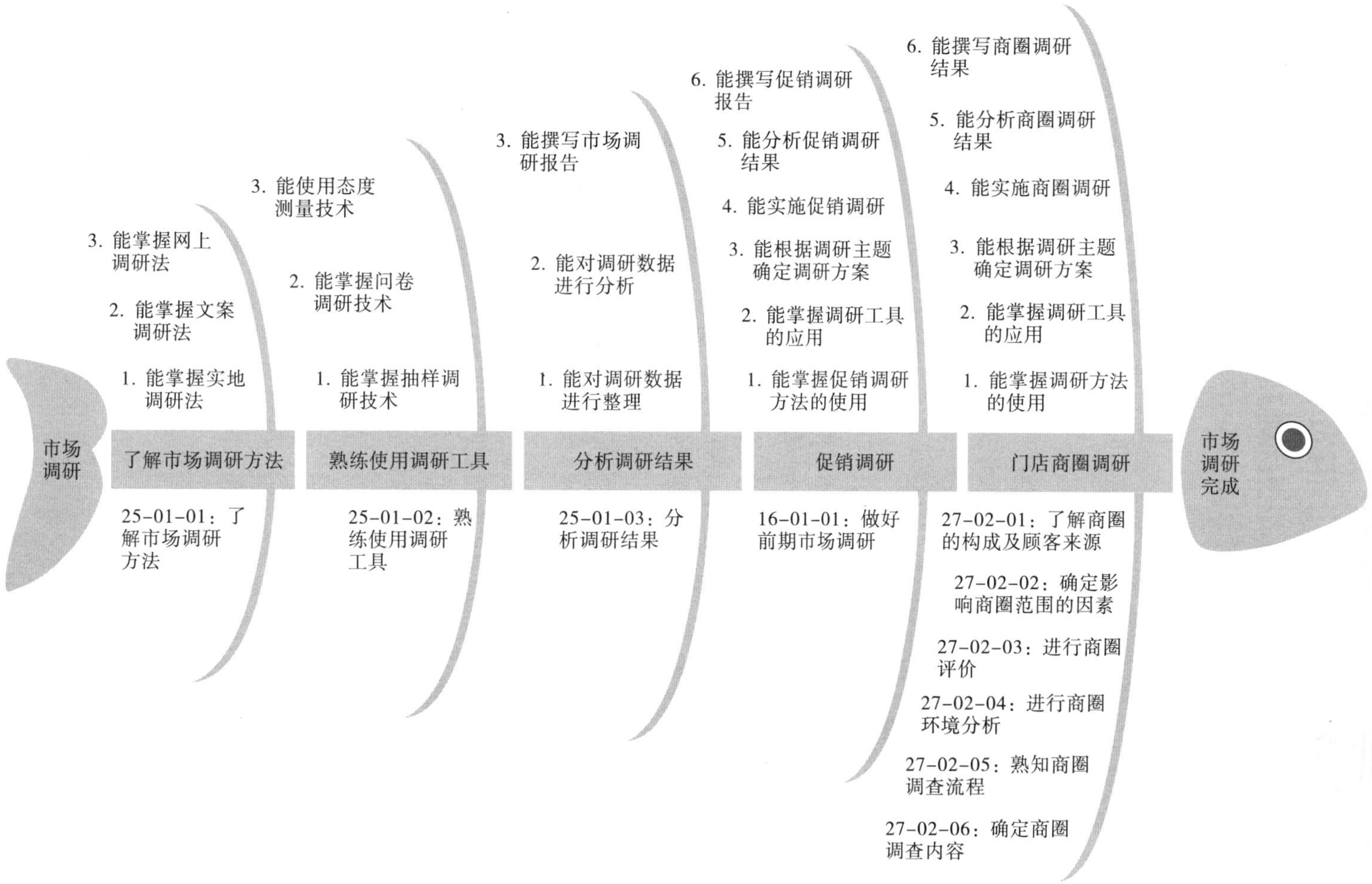

图 2-8 市场调研课程结构图

专业技术技能课程：消费行为分析课程标准（三年制）

一、课程名称

消费行为分析。

二、适用专业及面向岗位

适用于现代学徒制市场营销专业或现代学徒制工商企业管理专业、连锁经营管理专业。面向销售管理岗位。

三、课程性质

本课程是现代学徒制市场营销专业技术技能课程，是现代学徒制学生掌握从事营销工作岗位必备能力的一门课程。该课程旨在使学生通过系统的学习和训练，掌握消费者行为分析的理论与技巧，培养和提高其正确分析和解决问题的能力，为日后从事营销管理等相关工作准备必要的知识和工作能力。这门课程在整个人才培养方案中与其他课程之间存在协同、互补的关系，为其他专业课程知识和技能的应用和深入提供一个良好的基础。

四、课程设计

课程设计的总体思路：立足商业企业消费行为分析工作实际，抽取在企业岗位工作中应用最为频繁的消费行为分析的知识和技能，以实际工作岗位的工作技能作为教学内容，以岗位工作人员处理消费行为业务的工作顺序来组织教学过程，以企业消费行为分析的实际状况为背景，结合实际的岗位工作进行训练。

五、课程教学目标

1. 职业素养目标

（1）具有发现问题、解决问题的能力和意识。

（2）具有沟通交流的技巧。

（3）具有数字应用能力。

（4）具有信息处理能力。

2. 专业能力目标

（1）能了解商圈消费群结构。

（2）能了解消费群消费习惯和心理。

（3）能了解消费群购买力。

（4）能分析消费者观念。
（5）能了解影响消费行为的因素。

六、参考学时与学分

参考学时：72 学时。
参考学分：4 学分。

七、课程结构

消费行为分析课程结构见表 2－9。

表 2－9　消费行为分析课程结构

序号	学习任务（单元、模块）	对接典型工作任务及职业能力要求	知识、技能、态度要求	教学活动设计	学时
1	了解商圈消费群结构	08－03－01	能全面理解商圈消费群结构的概念	1. 企业现场讲解 2. 现场感受商圈消费群结构概况	4
2	了解消费群消费习惯	08－03－02	1. 能准确判断不同消费群体的消费习惯 2. 能根据消费群的消费习惯有针对性地开展营销工作	1. 不同消费群体的消费习惯观察与判断 2. 现场演示、示范 3. 小组研讨、分析、汇报	4
3	了解消费群消费心理	08－03－03	1. 能准确分析消费群体的消费心理 2. 能根据消费群体的消费心理采取有针对性的营销行为 3. 能在营销工作中以消费群的需求为中心开展工作	1. 不同消费群体的消费心理观察与判断 2. 工作现场观摩 3. 案例分析 4. 小组研讨、分析、汇报	8
4	了解消费群购买力	08－03－04	1. 能初步判断消费群购买力 2. 能分析影响消费群购买力的因素 3. 能掌握消费群购买力的变动趋势	1. 消费群购买力分析 2. 情境教学 3. 现场观摩 4. 案例分析 5. 校企“双导师”门店岗位现场指导	12

续上表

序号	学习任务（单元、模块）	对接典型工作任务及职业能力要求	知识、技能、态度要求	教学活动设计	学时
5	分析消费者观念	25－02－01	1. 能了解不同的消费观念 2. 能正确把握不同消费观念的原因 3. 能准确把握不同消费者的消费观念 4. 能根据不同消费观念做出有针对性的营销方案	1. 消费者观念分析与把握 2. 情境教学 3. 现场观摩 4. 案例分析 5. 校企“双导师”门店岗位现场指导	12
6	分析消费者购买的影响因素	25－02－02	1. 能分析欲望、动机、能力、方式、地点、时机等对消费者购买行为的影响 2. 能分析影响消费者购买行为的相关因素及作用机制 3. 能识别消费者购买的影响因素，并做出有针对性的营销措施	1. 消费者购买影响因素分析 2. 情境教学 3. 现场观摩 4. 案例分析 5. 视频教学 6. 校企“双导师”门店岗位现场指导	16
7	准确把握消费者行为	25－02－03	1. 能识别和准确界定消费者行为的特征 2. 能根据消费者行为对不同消费者进行分类和管理 3. 能有效掌握应对消费者行为的营销技巧 4. 能制订可行的应对消费者行为的营销方案并实施	1. 把握消费者行为 2. 案例分析 3. 视频教学 4. 小组方案汇报 5. 校企“双导师”门店岗位现场指导	16
合计					72

八、资源开发与利用

1. **教材编写与使用**

（1）教材是达到教学目标的手段，必须依据本课程标准编写教材，教材应充分体现任务驱动、实践导向课程的设计思想。

（2）教材应将本专业职业活动，按照商业企业消费行为分析的运作流程分解成若干典型的工作项目，按完成工作项目的需要和岗位操作规程组织教材内容。

（3）教材表达应通俗易懂、图文并茂，应针对商业企业消费行为分析的各项业务的运作程序，以图解的方式直观地展现给学生，提高学生的学习兴趣，加深学生对消费行为分析内容的认识和理解。教材表达必须精练、准确、科学。

（4）教材内容应体现先进性、通用性、实用性，要与我国当前消费行为分析发展的进程同步，从而使教材更贴近本专业的发展和实际需要。

（5）教材中的活动设计内容要具体，要尽可能与商业企业消费行为分析活动相同，并在实训室环境下和企业现场具有可操作性。

2. **数字化资源开发与利用**

（1）注重课程资源和现代化教学资源的开发和利用，这些资源有利于创设形象生动的工作情境，激发学生的学习兴趣，促进学生对知识的理解和掌握。同时，建议加强课程资源的开发，建立多媒体课程资源的数据库，实现多媒体资源的共享。

（2）不断完善教学课件质量，并加强教学指导书的建设，以增强教学指导的针对性和操作性。

（3）完善网上教学资源，充分利用网络资源，优化教学手段，调动学生学习积极性，培养学生勤于思考、善于创造的能力。

（4）充分开发联合培养企业工作现场的视频资料，用于教学。

3. **企业岗位培养资源的开发与利用**

本课程以校企“双导师”联合讲授、企业现场观摩与实践的形式开展，需配备校企“双导师”，导师必须具备岗位带教的能力和水平；需开发和配备教师指导手册、学徒学习手册、岗位任务考核评价手册；同时需开发丰富的企业业务培训微课资源，便于学徒移动式、便利化学习。

九、教学建议

该课程是专业基础课程，采取的教学方法注重培养学生的专业能力、方法能力和社会能力。

总体教学方法是任务教学法。在教学组织方面，要注重创设工作情境，由教师根据教学要求营造和布置工作情境，然后组织学生进行课堂模拟，增加情境效果，争取真实的职业体验和职业素养养成，提高学生的岗位职业认识。学徒在“做中学”，校企“双导师”在学徒“做中教”，提高学徒的动手能力和解决问题的能力。

十、课程实施条件

1. **师资要求**

本课程要求配备校企“双导师”，学校专业导师需要具备在合作企业半年以上的企业实践经验，具有本专业或相关专业硕士以上学历，拥有高等职业学校教师资格证，有中级及以上职称，有高度的责任心，沟通协调能力强，熟悉企业营销岗位业务工作内容、工作职责和工作流程。企业导师（师傅）需要有在本企业两年以上工作经验，熟悉营销岗位业务，有岗位带教的能力和水平，有高度的责任心和耐心。

2. **教学条件**

学校提供“理实一体化”的教学环境，配备多媒体设备、黑（白）板、课桌椅等教学设备。企业提供集中业务培训的培训室，提供学徒轮岗训练的营销岗位，有真实的消费行为分析业务提供处理。

十一、教学评价

（1）本课程应充分体现现代学徒制高职教育教学的特点，采用阶段评价、过程性评价与目标评价相结合，项目评价、理论与实践一体化评价模式。

（2）注重多元化评价，具体结合学徒到课率、课堂提问和小组讨论、学徒任务完成情况、现场实践、小组汇报等方面予以综合衡量评价。

（3）应注重学生动手能力和在实践中分析问题、解决问题能力的考核，对在学习和应用上有创新的学生应予以特别激励。

（4）应注重培养学生的发散思维能力和学习能力，对于思维敏捷、有独到个人见解的学生应予以特别鼓励。

（5）由校企“双导师”根据学徒的课程任务完成情况进行考核。其中校内导师评价占50%，主要考核学徒的学习态度以及知识掌握情况；企业导师（师傅）评价占50%，主要考核学徒在岗位技能训练中的表现和岗位任务完成情况。

附：消费行为分析课程结构图（见图2－9）。

（撰稿人：门洪亮、张晓青）

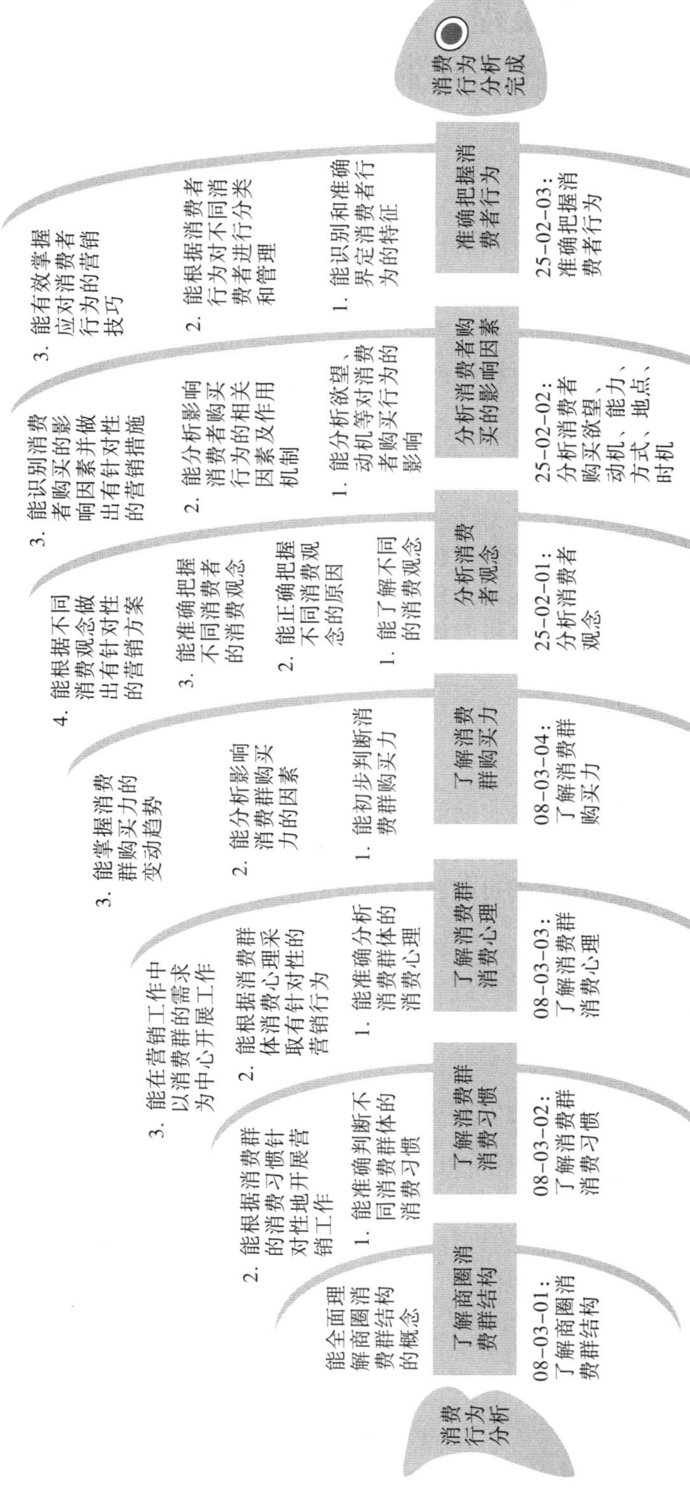

图 2-9 消费行为分析课程结构图

专业技术技能课程：推销实务课程标准
（三年制）

一、课程名称

推销实务。

二、适用专业及面向岗位

适用于现代学徒制市场营销专业或现代学徒制工商企业管理专业、连锁经营管理专业。面向销售管理岗位。

三、课程性质

本课程是现代学徒制市场营销专业技术技能课程，是现代学徒制学生掌握从事营销工作岗位必备能力的一门课程。该课程旨在使学生通过系统的学习和训练，掌握现代推销的理论与技巧，培养和提高其正确分析和解决问题的能力，为日后从事营销管理等相关工作准备必要的知识和工作能力。

四、课程设计

课程设计的总体思路：立足商业企业商品或服务推销工作实际，抽取在企业岗位工作中应用最为频繁的推销知识和技能，以实际工作岗位的推销技能作为教学内容，以推销人员处理业务的工作顺序来组织教学过程，以企业推销的实际状况为背景，结合实际的岗位工作进行训练。

五、课程教学目标

1．职业素养目标

（1）具有发现问题、解决问题的能力和意识。

（2）具有责任意识。

（3）具有沟通交流的技巧。

（4）具有抗压能力。

（5）具有团队合作能力。

（6）具有不断创新的意识。

（7）具有组织能力。

（8）具有信息处理能力。

2．专业能力目标

（1）能掌握发现顾客的方法和技巧。

（2）能准确评估顾客。
（3）能学会倾听顾客。
（4）能有针对性地推介商品。
（5）能有效识别成交信号。
（6）能抓住成交机会。
（7）能合理运用成交方法。
（8）能说服顾客成交。

六、参考学时与学分

参考学时：72 学时。
参考学分：4 学分。

七、课程结构

推销实务课程结构见表 2－10。

表 2－10　推销实务课程结构

序号	学习任务（单元、模块）	对接典型工作任务及职业能力要求	知识、技能、态度要求	教学活动设计	学时
1	发现顾客	09－01	1. 能了解潜在顾客特征 2. 能熟悉发现顾客的渠道 3. 掌握判断顾客类型的特点	1. 发现顾客的方法 2. 小组任务 3. 小组任务汇报 4. 企业现场实践，校企“双导师”现场指导	8
2	评估顾客	09－03	1. 能判断顾客的购买力 2. 能有效识别顾客需求 3. 能识别顾客的购买决策权	1. 评估顾客 2. 小组任务 3. 小组任务汇报 4. 企业现场实践，校企“双导师”现场指导	8
3	学会倾听	10－01	1. 能了解顾客类型 2. 能了解顾客的真实需求与潜在需求 3. 能有针对性地推介商品 4. 能解答顾客的疑虑 5. 能打消顾客的疑虑	1. 倾听顾客 2. 情境教学 3. 现场观摩 4. 案例分析 5. 校企“双导师”企业岗位现场指导	6

续上表

序号	学习任务（单元、模块）	对接典型工作任务及职业能力要求	知识、技能、态度要求	教学活动设计	学时
4	推介商品	10－02	1. 能按照商品推介的流程介绍商品 2. 能熟悉商品推介原则 3. 能掌握商品推介的技巧 4. 会使用语言技巧 5. 能识别影响顾客购买的影响因素	1. 推介商品 2. 情境教学 3. 现场观摩 4. 案例分析 5. 校企“双导师”企业岗位现场指导	10
5	识别成交信号	12－01	1. 能识别顾客表情成交信号 2. 能识别顾客语言成交信号 3. 能识别顾客行为成交信号	1. 识别成交信号 2. 情境教学 3. 现场观摩 4. 案例分析 5. 视频教学 6. 校企“双导师”企业岗位现场指导	10
6	抓住成交机会	12－02	1. 能学会识别成交机会，反复尝试成交 2. 掌握征询顾客意见的方法	1. 抓住成交机会的方法 2. 案例分析 3. 视频教学 4. 模拟演练 5. 校企“双导师”企业岗位现场指导	10
7	运用成交方法	12－03	会运用成交方法，如请求成交法、假定成交法、选择成交法、次要问题成交法、优惠成交法等	1. 运用成交方法 2. 案例分析 3. 视频教学 4. 模拟演练 5. 校企“双导师”企业岗位现场指导	10
8	说服顾客成交	09－04	1. 能针对不同客户类型的要求有针对性的推销 2. 能给顾客留有选择空间和自由 3. 能掌握临门一脚成交法	1. 说服顾客 2. 现场示范、演示 3. 工作现场观摩 4. 案例分析 5. 校企“双导师”企业岗位现场指导	10
合计					72

八、资源开发与利用

1. 教材编写与使用

（1）教材是达到教学目标的手段，必须依据本课程标准编写教材，教材应充分体现任务驱动、实践导向课程的设计思想。

（2）教材应将本专业职业活动，按照商业企业推销业务的运作流程分解成若干典型的工作项目，按完成工作项目的需要和岗位操作规程组织教材内容。

（3）教材表达应通俗易懂、图文并茂，应针对商业企业商品推销业务的运作程序，以图解的方式直观地展现给学生，提高学生的学习兴趣，加深学生对企业客户服务内容的认识和理解。教材表达必须精练、准确、科学。

（4）教材内容应体现先进性、通用性、实用性，要与当前商业企业推销技巧发展的进程同步，从而使教材更贴近本专业的发展和实际需要。

（5）教材中的活动设计内容要具体，要尽可能与商业企业推销活动相同，并在实训室环境下和企业现场具有可操作性。

2. 数字化资源开发与利用

（1）注重课程资源和现代化教学资源的开发和利用，这些资源有利于创设形象生动的工作情境，激发学生的学习兴趣，促进学生对知识的理解和掌握。同时，建议加强课程资源的开发，建立多媒体课程资源的数据库，实现多媒体资源的共享。

（2）不断完善教学课件质量，并加强教学指导书的建设，以增强教学指导的针对性和操作性。

（3）完善网上教学资源，充分利用网络资源，优化教学手段，调动学生学习积极性，培养学生勤于思考、善于创造的能力。

（4）充分开发联合培养企业工作现场的视频资料，用于教学。

3. 企业岗位培养资源的开发与利用

本课程以校企“双导师”联合讲授、企业现场观摩与实践的形式开展，需配备校企“双导师”，导师必须具备岗位带教的能力和水平；需开发和配备教师指导手册、学徒学习手册、岗位任务考核评价手册；同时需开发丰富的企业业务培训微课资源，便于学徒移动式、便利化学习。

九、教学建议

该课程是专业基础课程，采取的教学方法注重培养学生的专业能力、方法能力和社会能力。

总体教学方法是任务教学法，在教学组织方面，要注重创设工作情境，由教师根据教学要求营造和布置工作情境，然后组织学生进行课堂模拟，增加情境效果，争取真实的职业体验和职业素养养成，提高学生的岗位职业认识。学徒在“做中学”，校企“双导师”在学徒“做中教”，提高学徒的动手能力和解决问题的能力。

十、课程实施条件

1. **师资要求**

本课程要求配备校企“双导师”，学校专业导师需要具备在合作企业半年以上的实践经验，具有本专业或相关专业硕士以上学历，拥有高等职业学校教师资格证，有中级及以上职称，有高度的责任心，沟通协调能力强，熟悉企业营销岗位业务工作内容、工作职责和工作流程。企业导师（师傅）需要有在本企业两年以上工作的经验，熟悉营销岗位业务，有岗位带教的能力和水平，有高度的责任心和耐心。

2. **教学条件**

学校提供“理实一体化”的教学环境，配备多媒体设备、黑（白）板、课桌椅等教学设备。企业提供集中业务培训的培训室，提供学徒轮岗训练的营销岗位，有真实的推销业务提供处理。

十一、教学评价

（1）本课程应充分体现现代学徒制高职教育教学的特点，采用阶段评价、过程性评价与目标评价相结合，项目评价、理论与实践一体化评价模式。

（2）注重多元化评价，具体结合学徒到课率、课堂提问和小组讨论、学徒任务完成情况、现场实践、小组汇报等方面予以综合衡量评价。

（3）应注重学徒动手能力和在实践中分析问题、解决问题能力的考核，对在学习和应用上有创新的学徒应予以特别激励。

（4）应注重培养学徒的发散思维能力和学习能力，对于思维敏捷、有独到的个人见解的学徒应予以特别鼓励。

（5）由校企“双导师”根据学徒的课程任务完成情况进行考核。其中校内导师评价占50%，主要考核学徒的学习态度以及知识掌握情况；企业导师（师傅）评价占50%，主要考核学徒在岗位技能训练中的表现和岗位任务完成情况。

附：达成交易任务结构图（见图2－10）。

（撰稿人：门洪亮、张晓青）

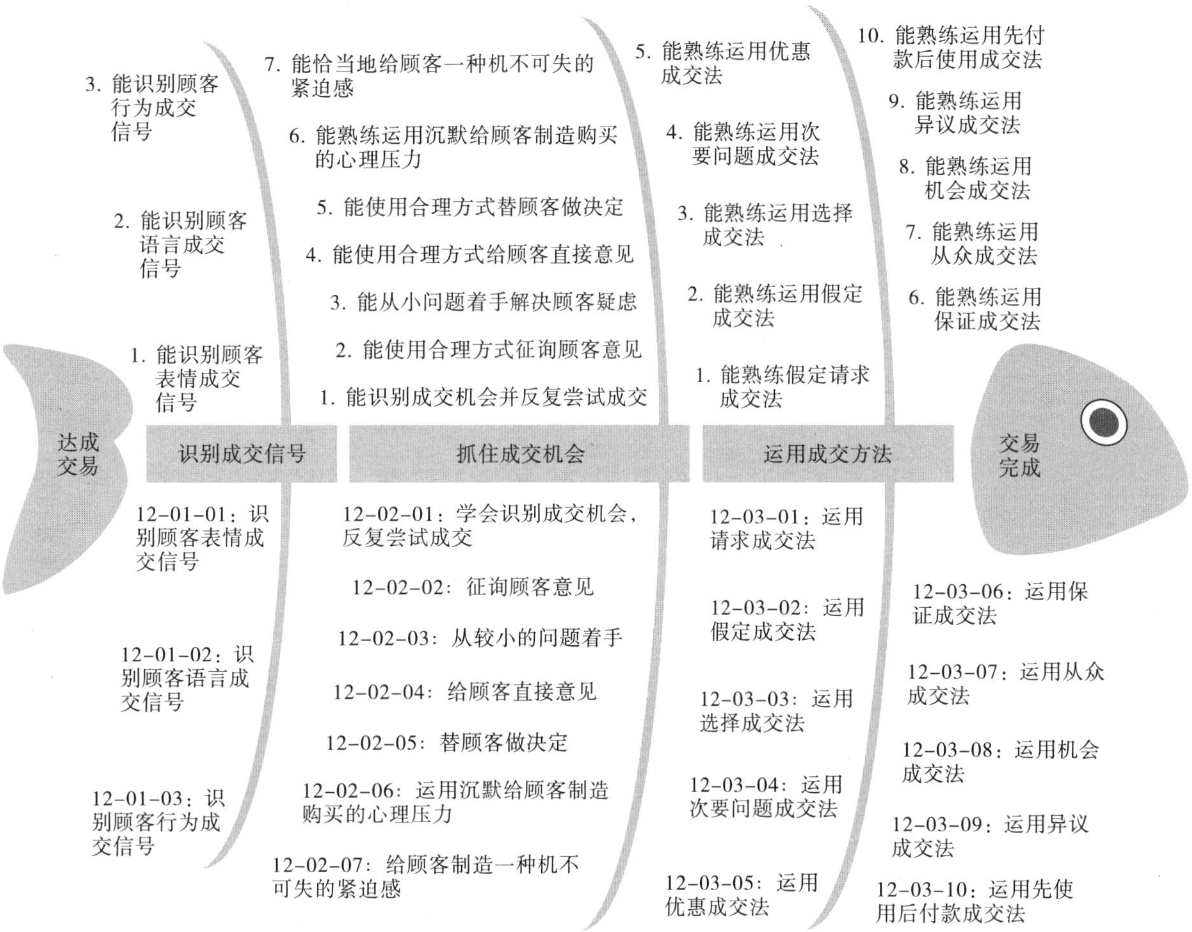

图 2-10　达成交易任务结构图

专业技术技能课程：客户服务与管理课程标准（三年制）

一、课程名称

客户服务与管理。

二、适用专业及面向岗位

适用于现代学徒制市场营销专业或现代学徒制工商企业管理专业、连锁经营管理专业。面向客户服务岗位。

三、课程性质

本课程是现代学徒制市场营销专业技术技能课程，是现代学徒制学生掌握从事客户服务和营销管理工作岗位必备能力的一门课程。该课程旨在培养学徒在岗位工作中的客户服务意识，提高其客户沟通能力和客户服务水平。培养学徒在客户服务管理系统方面的实际应用能力，为从事客户服务管理工作或用客户服务的意识更好地辅助完成销售、管理、运营等工作奠定坚实的基础。这门课程在整个人才培养方案中与其他课程之间存在协同、互补的关系，为其他专业课程知识和技能的应用和深入提供一个良好的平台。

四、课程设计

课程设计的总体思路：立足岗位工作实际，以客户服务的视角，把企业销售、管理、运营等岗位工作的工作流程进行梳理，融入客户服务的方法和理念，以保障更好地完成相应岗位工作。以实际工作岗位的客户服务技能作为教学内容，以客户服务人员处理业务的工作顺序来组织教学过程，以企业客户服务的实际状况为背景，结合实际的岗位工作进行训练。

五、课程教学目标

1. 职业素养目标

（1）具有发现问题、解决问题的能力和意识。

（2）具有责任意识。

（3）具有沟通交流的技巧。

（4）具有抗压能力。

（5）具有团队合作能力。

（6）具有沟通交流的技巧。

（7）具有不断创新的意识。

（8）具有组织能力。
（9）具有数字应用能力。
（10）具有信息处理能力。

2. 专业能力目标

（1）能熟知企业的服务理念。
（2）能塑造职业的形象。
（3）能运用服务礼仪。
（4）能处理好顾客异议。
（5）能处理好顾客投诉。
（6）能进行门店服务管理。
（7）能进行门店客源管理。

六、参考学时与学分

参考学时：72 学时。
参考学分：4 学分。

七、课程结构

客户服务与管理课程结构见表 2 – 11。

表 2 – 11　客户服务与管理课程结构

序号	学习任务（单元、模块）	对接典型工作任务及职业能力要求	知识、技能、态度要求	教学活动设计	学时
1	熟知企业服务理念	01 – 02 – 05	熟知企业服务理念	1. 企业现场讲解 2. 现场感受企业服务理念	4
2	规范职业形象	04 – 01	1. 能正确穿戴工装、工帽等 2. 能按要求整理仪容仪表 3. 能提升主动服务意识	1. 职业形象塑造 2. 现场演示、示范	4

续上表

序号	学习任务（单元、模块）	对接典型工作任务及职业能力要求	知识、技能、态度要求	教学活动设计	学时
3	运用服务礼仪	04－02 09－02－01 09－02－02	1. 能正确使用服务语言 2. 能树立顾客是上帝的服务理念 3. 能在工作中以顾客的需求为中心 4. 能践行服务承诺 5. 能塑造良好的第一印象 6. 能正确运用接待顾客礼仪	1. 运用服务礼仪 2. 现场示范、演示 3. 工作现场观摩 4. 案例分析	8
4	处理顾客异议	11－01 11－02 11－03－01 11－03－02 11－03－03 11－03－04	1. 能判断顾客异议的原因 2. 能熟练运用顾客异议处理的方法 3. 能掌握顾客异议处理的步骤	1. 顾客异议分析与处理 2. 情境教学 3. 现场观摩 4. 案例分析 5. 校企“双导师”企业岗位现场指导	12
5	处理顾客投诉	06－01－08 22－01－02 23－04	1. 能快速、妥善地处理顾客投诉 2. 能制订客户投诉处理流程 3. 能落实流程执行力度 4. 能填写投诉处理报告 5. 能提出改善措施	1. 顾客投诉处理 2. 情境教学 3. 现场观摩 4. 案例分析 5. 校企“双导师”企业岗位现场指导	12

续上表

序号	学习任务（单元、模块）	对接典型工作任务及职业能力要求	知识、技能、态度要求	教学活动设计	学时
6	门店服务管理	22－01－03 23－01 23－02 23－03	1. 能做好门店周围社区的各项协调工作 2. 能领会顾客服务管理的相关知识 3. 能把握顾客服务指标 4. 能分析及处理投诉个案 5. 能制订售前、售中、售后的顾客服务管理规范 6. 能进行客户服务质量跟踪 7. 能进行门店服务现场管理 8. 能进行规范的门店服务流程管理	1. 门店服务管理 2. 情境教学 3. 现场观摩 4. 案例分析 5. 视频教学 6. 校企“双导师”企业岗位现场指导	16
7	管理门店客源	24	1. 能掌握客户档案建立及完善的方法 2. 能进行新客户开发 3. 能掌握提高客户满意度的技巧 4. 能把握提高顾客忠诚的技巧 5. 能挽回流失的顾客	1. 门店客源管理 2. 案例分析 3. 视频教学 4. 小组方案汇报 5. 校企“双导师”企业岗位现场指导	16
合　计					72

八、资源开发与利用

1. 教材编写与使用

（1）教材是达到教学目标的手段，必须依据本课程标准编写教材，教材应充分体现任务驱动、实践导向课程的设计思想。

（2）教材应将本专业职业活动，按照商业企业客户服务管理的运作流程分解成若干典型的工作项目，按完成工作项目的需要和岗位操作规程组织教材内容。

（3）教材表达应通俗易懂、图文并茂，应针对商业企业客户服务管理的各项业务的运作程序，以图解的方式直观地展现给学生，提高学生的学习兴趣，加深学生对企业客户服务内容的认识和理解。教材表达必须精练、准确、科学。

（4）教材内容应体现先进性、通用性、实用性，要与我国当前客户服务管理发展的进程同步，从而使教材更贴近本专业的发展和实际需要。

（5）教材中的活动设计内容要具体，要尽可能与商业企业客户服务管理活动相同，并在实训室环境下和企业现场具有可操作性。

2．数字化资源开发与利用

（1）注重课程资源和现代化教学资源的开发和利用，这些资源有利于创设形象生动的工作情境，激发学生的学习兴趣，促进学生对知识的理解和掌握。同时，建议加强课程资源的开发，建立多媒体课程资源的数据库，实现多媒体资源的共享。

（2）不断完善教学课件质量，并加强教学指导书的建设，以增强教学指导的针对性和操作性。

（3）在建设现有校内实训室的基础上，购进客户关系管理（CRM）的软件，以培养学生的实训操作能力。

（4）完善网上教学资源，充分利用网络资源，优化教学手段，调动学生学习积极性，培养学生勤于思考、善于创造的能力。

（5）充分开发联合培养企业工作现场的视频资料，用于教学。

3．企业岗位培养资源的开发与利用

本课程以校企“双导师”联合讲授、企业现场观摩与实践的形式开展，需配备校企“双导师”，导师必须具备岗位带教的能力和水平；需开发和配备教师指导手册、学徒学习手册、岗位任务考核评价手册；同时需开发丰富的企业业务培训微课资源，便于学徒移动式、便利化学习。

九、教学建议

该课程是专业基础课程，采取的教学方法注重培养学生的专业能力、方法能力和社会能力。

总体教学方法是任务教学法，在教学组织方面，要注重创设工作情境，由教师根据教学要求营造和布置工作情境，然后组织学生进行课堂模拟，增加情境效果，争取真实的职业体验和职业素养养成，提高学生的岗位职业认识。学徒在“做中学”，校企“双导师”在学徒“做中教”，提高学徒的动手能力和解决问题的能力。

十、课程实施条件

1．师资要求

本课程要求配备校企“双导师”，学校专业导师需要具备在合作企业半年以上的实践经验，具有本专业或相关专业硕士以上学历，拥有高等职业学校教师资格证，有中级及以上职称，有高度的责任心，沟通协调能力强，熟悉企业客户服务或营销岗位业务工作内容、工作职责和工作流程。企业导师（师傅）需要有本企业两年以上工作的经验，熟悉企业客户服务或营销岗位业务，有岗位带教的能力和水平，有高度的责任心和耐心。

2. **教学条件**

学校提供“理实一体化”的教学环境，配备多媒体设备、黑（白）板、课桌椅等教学设备。企业提供集中业务培训的培训室，提供学徒轮岗训练的客户服务或营销岗位，有真实的客户服务与管理业务提供处理。

十一、教学评价

（1）本课程应充分体现现代学徒制高职教育教学的特点，采用阶段评价、过程性评价与目标评价相结合，项目评价、理论与实践一体化评价模式。

（2）注重多元化评价，具体结合学徒到课率、课堂提问和小组讨论、学徒任务完成情况、现场实践、小组汇报等方面予以综合衡量评价。

（3）应注重学生动手能力和在实践中分析问题、解决问题能力的考核，对在学习和应用上有创新的学生应予以特别激励。

（4）应注重培养学生的发散思维能力和学习能力，对于思维敏捷、有独到的个人见解的学生应予以特别鼓励。

（5）由校企“双导师”根据学徒的课程任务完成情况进行考核。其中校内导师评价占50%，主要考核学徒的学习态度以及知识掌握情况；企业导师（师傅）评价占50%，主要考核学徒在岗位技能训练中的表现和岗位任务完成情况。

附：顾客异议处理任务结构图（见图2－11）。

（撰稿人：门洪亮、杨问芝）

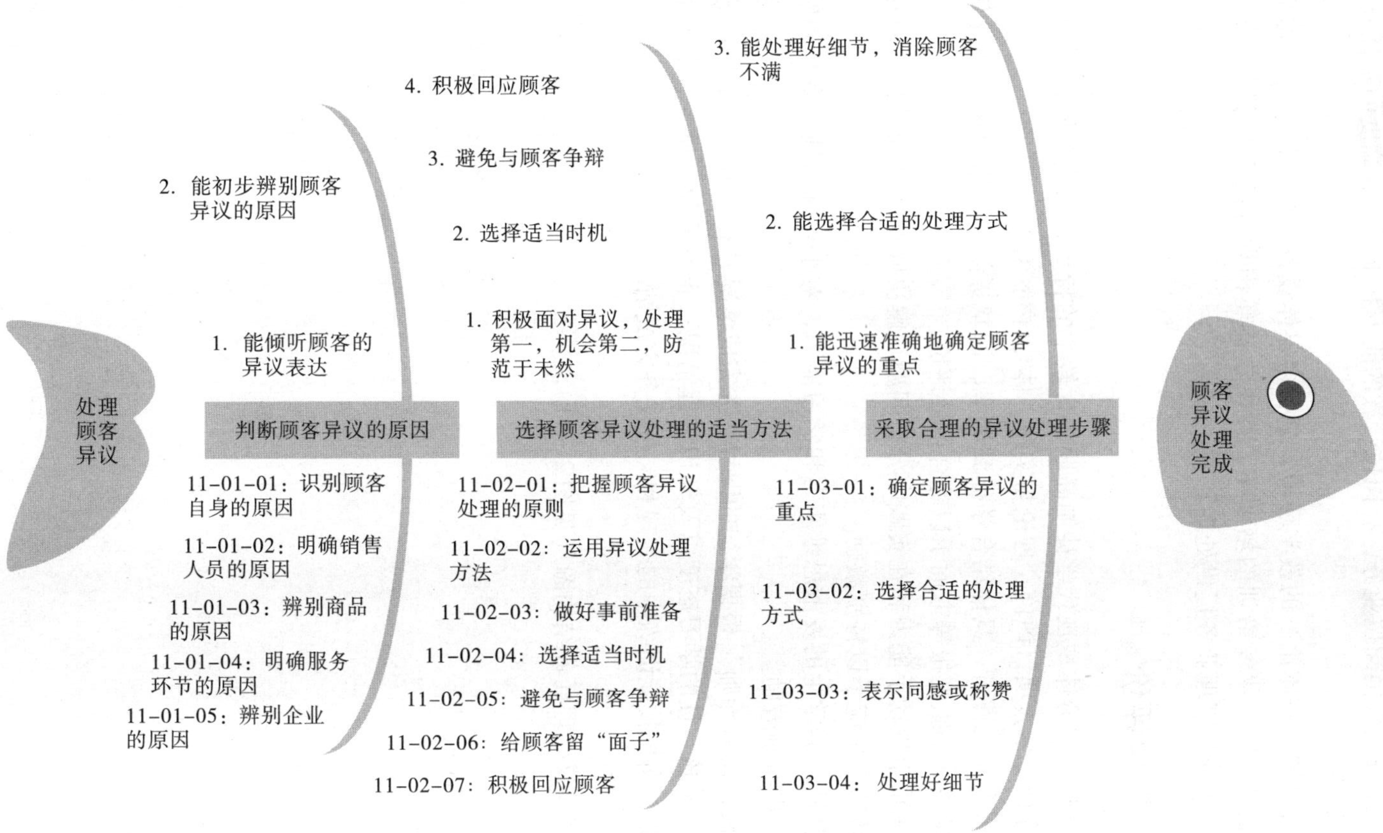

图 2-11 顾客异议处理任务结构图

专业技术技能课程：营销策划课程标准（三年制）

一、课程名称

营销策划。

二、适用专业及面向岗位

适用于现代学徒制市场营销专业或现代学徒制工商企业管理专业、连锁经营管理专业。面向营销策划岗位。

三、课程性质

本课程是现代学徒制市场营销专业技术技能课程，是现代学徒制学生掌握从事营销工作岗位必备能力的一门课程。该课程旨在使学生通过系统的学习和训练，掌握营销策划的理论与技巧，培养和提高其正确分析和解决问题的能力，为日后从事营销策划等相关工作准备必要的知识和工作能力。

四、课程设计

课程设计的总体思路：立足商业企业营销策划工作实际，抽取在企业营销策划岗位工作中应用最为频繁的营销策划知识和技能，以实际工作岗位的营销策划技能作为教学内容，以营销策划人员处理业务的工作顺序来组织教学过程，以企业营销策划的实际状况为背景，结合实际的岗位工作进行训练。

五、课程教学目标

1. 职业素养目标

（1）具有发现问题、解决问题的能力和意识。

（2）具有较好的方案制订、汇报、执行、总结能力。

（3）具有沟通交流的技巧。

（4）具有革新创新意识和能力。

（5）具有信息处理能力。

（6）具有数字应用能力。

（7）具有团队合作能力。

（8）具有组织能力。

2. 专业能力目标

（1）能进行门店营销调研。

（2）能开展门店布局策划。
（3）能进行门店商品组合策划。
（4）能进行门店价格策划。
（5）能进行门店渠道拓展策划。
（6）能进行门店促销策划。

六、参考学时与学分

参考学时：72 学时。
参考学分：4 学分。

七、课程结构

营销策划课程结构见表 2－12。

表 2－12　营销策划课程结构

序号	学习任务（单元、模块）	对接典型工作任务及职业能力要求	知识、技能、态度要求	教学活动设计	学时
1	进行门店营销调研策划	08	1. 能全面了解商品 2. 能了解营销重点 3. 能调研消费群特征 4. 能熟悉竞争环境	1. 了解营销调研策划 2. 案例分析 3. 小组任务 4. 企业现场调研	12
2	进行门店布局策划	18－01	1. 能根据门店位置的优劣进行布局策划 2. 能根据商品性质进行布局策划 3. 能根据磁石点进行布局策划 4. 能根据顾客的购买顺序与购买频率进行布局策划 5. 能根据顾客的其他因素进行布局策划	1. 门店布局策划 2. 小组现场调研 3. 小组任务方案制订 4. 小组任务方案汇报 5. 企业现场实践，校企“双导师”现场指导	12

续上表

序号	学习任务（单元、模块）	对接典型工作任务及职业能力要求	知识、技能、态度要求	教学活动设计	学时
3	进行门店商品组合策划	19－01 19－02	1. 能了解商品品类的相关概念 2. 能设计商品结构的宽度和深度 3. 能设计商品结构层级 4. 能辨别影响商品组合的因素 5. 能策划适合门店的商品组织结构 6. 能定位商品结构的价格带 7. 能策划商品结构的品牌组合	1. 门店商品组合策划 2. 小组现场调研 3. 小组任务方案制订 4. 小组任务方案汇报 5. 企业现场实践，校企“双导师”现场指导	12
4	进行门店价格策划	19－05	1. 能制订商品价格策略 2. 能有效选择商品定价方法 3. 能识别影响商品定价的因素 4. 能根据情况进一步优化商品价格 5. 能实时调整促销商品价格	1. 门店价格策划 2. 小组现场调研 3. 小组任务方案制订 4. 小组任务方案汇报 5. 企业现场实践，校企“双导师”现场指导	12
5	进行渠道策划	20－04	1. 能策划业务拓展方案 2. 能借助信息技术开辟新销售渠道	1. 渠道策划 2. 小组现场调研 3. 小组任务方案制订 4. 小组任务方案汇报 5. 企业现场实践，校企“双导师”现场指导	12
6	进行门店促销策划	16－01－01 16－01－02	1. 能制订促销调研 2. 能进行促销广告策划 3. 能进行营业推广策划 4. 能制订人员推销策划 5. 能制订公共关系策划	1. 制订促销策划方案 2. 案例分析 3. 小组企业现场调研 4. 小组方案制订 5. 小组方案汇报 6. 校企“双导师”企业岗位现场指导	12
合　计					72

八、资源开发与利用

1．教材编写与使用

（1）教材是达到教学目标的手段，必须依据本课程标准编写教材，教材应充分体现任务驱动、实践导向课程的设计思想。

（2）教材应将本专业职业活动按照商业企业营销策划的运作流程，分解成若干典型的工作项目，按完成工作项目的需要和岗位操作规程组织教材内容。

（3）教材表达应通俗易懂、图文并茂，应针对商业企业营销策划的各项业务的运作程序，以图解的方式直观地展现给学生，提高学生的学习兴趣，加深学生对企业客户服务内容的认识和理解。教材表达必须精练、准确、科学。

（4）教材内容应体现先进性、通用性、实用性，要与当前商业企业营销策划发展的进程同步，从而使教材更贴近本专业的发展和实际需要。

（5）教材中的活动设计内容要具体，要尽可能与商业企业营销策划活动相同，并在实训室环境下和企业现场具有可操作性。

2．数字化资源开发与利用

（1）注重课程资源和现代化教学资源的开发和利用，这些资源有利于创设形象生动的工作情境，激发学生的学习兴趣，促进学生对知识的理解和掌握。同时，建议加强课程资源的开发，建立多媒体课程资源的数据库，实现多媒体资源的共享。

（2）不断完善教学课件质量，并加强教学指导书的建设，以增强教学指导的针对性和操作性。

（3）完善网上教学资源，充分利用网络资源，优化教学手段，调动学生学习积极性，培养学生勤于思考、善于创造的能力。

（4）充分开发联合培养企业工作现场的视频资料，用于教学。

3．企业岗位培养资源的开发与利用

本课程以校企“双导师”联合讲授、企业现场观摩与实践的形式开展，需配备校企“双导师”，导师必须具备岗位带教的能力和水平。需开发和配备教师指导手册、学徒学习手册、岗位任务考核评价手册，同时需开发丰富的企业业务培训微课资源，便于学徒移动式、便利化学习。

九、教学建议

该课程是专业基础课程，采取的教学方法注重培养学生的专业能力、方法能力和社会能力。

总体教学方法是任务教学法，在教学组织方面，要注重创设工作情境，由教师根据教学要求营造和布置工作情境，然后组织学生进行课堂模拟，增加情境效果，争取真实的职业体验和职业素养养成，提高学生的岗位职业认识。学徒在“做中学”，校企“双导师”在学徒“做中教”，提高学徒的动手能力和解决问题的能力。

十、课程实施条件

1. **师资要求**

本课程要求配备校企“双导师”，学校专业导师需要具备在合作企业半年以上的企业实践经验，具有本专业或相关专业硕士以上学历，拥有高等职业学校教师资格证，有中级及以上职称，有高度的责任心，沟通协调能力强，熟悉企业营销策划岗位业务工作内容、工作职责和工作流程。企业导师（师傅）需要有本企业两年以上的工作经验，熟悉营销策划岗位业务，有岗位带教的能力和水平，有高度的责任心和耐心。

2. **教学条件**

学校提供“理实一体化”的教学环境，配备多媒体设备、黑（白）板、课桌椅等教学设备。企业提供集中业务培训的培训室，提供学徒轮岗训练的营销策划岗位，有真实的营销策划业务提供处理。

十一、教学评价

（1）本课程应充分体现现代学徒制高职教育教学的特点，采用阶段评价、过程性评价与目标评价相结合，项目评价、理论与实践一体化评价模式。

（2）注重多元化评价，具体结合学徒到课率、课堂提问和小组讨论、学徒任务完成情况、现场实践、小组汇报等方面予以综合衡量评价。

（3）应注重学徒动手能力和在实践中分析问题、解决问题能力的考核，对在学习和应用上有创新的学徒应予以特别激励。

（4）应注重培养学徒的发散思维能力和学习能力，对于思维敏捷、有独到的个人见解的学徒应予以特别鼓励。

（5）由校企“双导师”根据学徒的课程任务完成情况进行考核。其中校内导师评价占50%，主要考核学徒的学习态度以及知识掌握情况；企业导师（师傅）评价占50%，主要考核学徒在岗位技能训练中的表现和岗位任务完成情况。

附：商业连锁门店营销策划任务结构图（见图2－12）。

（撰稿人：门洪亮、李霞）

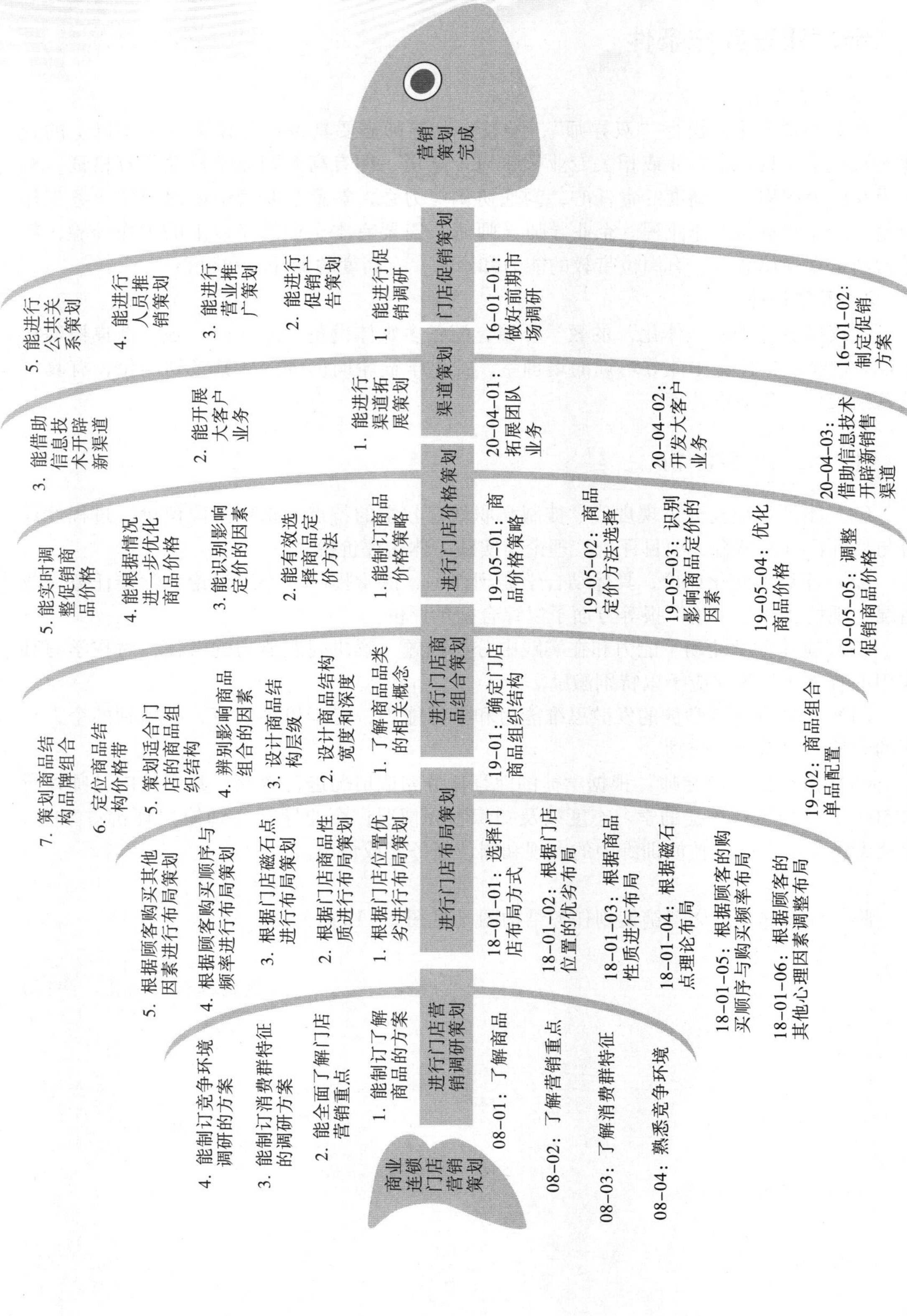

图 2-12　商业连锁门店营销策划任务结构图

学徒岗位能力课程：行业企业认知与岗前辅导课程标准（二/三年制）

一、课程名称

行业企业认知与岗前辅导。

二、适用专业及面向岗位

适用于现代学徒制市场营销专业或现代学徒制工商企业管理专业、连锁经营管理专业。面向销售、客服、市场调研及营销策划等学徒岗位。

三、课程性质

本课程是现代学徒制市场营销专业学徒岗位能力课程，是学徒刚进入岗位学习的一门前置课程。其主要任务是使学徒了解零售行业企业的基本知识，了解岗位的角色定位、了解工作环境等信息，通过企业工作现场的感受，更直观、全面地体验即将在岗学习的相关信息。

四、课程设计

课程设计的总体思路：本课程是一门行业、企业、岗位认知课程，课程组专任教师深入联合培养企业，通过观摩、调研、挂职实践锻炼、访谈门店店长与企业高管，与行业企业课程开发人员反复研讨，立足于高职教育的高等性、职业性、教育性，结合企业门店店长岗位工作的真实需要，以解决即将进入学徒岗位的学生的实际问题为出发点，使学生通过课程的学习顺利地进入在岗培养的工作状态。

五、课程教学目标

1. 职业素养目标

（1）具有清晰的个人职业规划。

（2）具有发现问题、解决问题的能力和意识。

（3）具有沟通交流的技巧。

（4）具有自我管理能力。

（5）具有不断创新的意识。

（6）具有责任意识。

（7）具有抗压能力。

2. 专业能力目标

（1）能认知行业企业。

（2）能了解不同岗位的角色定位。
（3）能熟悉不同岗位的工作内容。
（4）能熟悉工作环境。
（5）能塑造职业形象。

六、参考学时与学分

参考学时：72 学时。
参考学分：4 学分。

七、课程结构

行业企业认知与岗前辅导课程结构见表 2－13。

表 2－13　行业企业认知与岗前辅导课程结构

序号	学习任务（单元、模块）	对接典型工作任务及职业能力要求	知识、技能、态度要求	教学活动设计	学时
1	行业企业认知	01	1. 能了解零售业的现状与发展趋势 2. 能了解零售业的业态特征 3. 能了解零售业的工作特点 4. 清楚零售业职业发展路径	1. 零售业基本知识 2. 企业发展概况 3. 企业战略规划 4. 企业核心竞争力 5. 企业文化与服务理念 6. 案例分析 7. 企业现场体验 8. 校企“双导师”门店岗位现场指导	20
2	岗位角色认知	02	1. 能了解营业员角色的定位 2. 能了解班长的角色定位 3. 能了解副店长的角色定位 4. 能了解店长的角色定位	1. 门店不同角色定位 2. 真实案例分享 3. 校企“双导师”门店岗位现场指导	16

续上表

序号	学习任务（单元、模块）	对接典型工作任务及职业能力要求	知识、技能、态度要求	教学活动设计	学时
3	熟悉工作环境	03	1. 能熟悉门店布局 2. 能清楚门店岗位要求 3. 能了解门店日常基本运营流程 4. 能熟悉前、后台功能 5. 能明确工作内容 6. 能熟知工作规范 7. 能明确突发事件的处理流程 8. 学会观察同事工作 9. 能做好岗位工作准备 10. 能在师傅指导下总结、改进工作	1. 工作环境体验 2. 真实案例分享 3. 校企“双导师”门店岗位现场指导	20
4	塑造职业形象	04	1. 能规范职业形象 2. 能运用服务礼仪	1. 企业职业形象 2. 现场体验、展示 3. 情境演示 4. 校企“双导师”门店岗位工作指导	16
合　计					72

八、资源开发与利用

1. 教材编写与使用

（1）教材是达到教学目标的手段，必须依据本课程标准编写教材，教材应充分体现任务驱动、实践导向课程的设计思想。

（2）教材应将本专业职业活动，按照商业企业连锁门店经营管理的运作流程分解成若干典型的工作项目，按完成工作项目的需要和岗位操作规程组织教材内容。

（3）教材表达应通俗易懂，图文并茂，应针对商业连锁企业的各项业务的运作程序，以图解的方式直观地展现给学生，提高学生的学习兴趣，加深学生对商业企业门店运营的认识和理解。教材表达必须精练、准确、科学。

（4）教材内容应体现先进性、通用性、实用性，要与当前连锁门店发展的进程同步，从而使教材更贴近本专业的发展和实际需要。

（5）教材中的活动设计内容要具体，要尽可能与商业企业连锁门店相关岗位工作活动相同，并在实训室环境下和企业现场具有可操作性。

2. 数字化资源开发与利用

数字化资源的开发是为了更好地学习本课程，因此必须严格按照本课程的设计思路，开发与教材、教学相匹配的数字化资源，包括PPT、工作流程演示小视频或动画、教师手册、学徒学习手册、学习任务文档、任务考核评价文档、教学案例、相应任务主题的微课资源。数字化资源可以采用资源共享课程或微课平台的形式实现共享。

3. 企业岗位培养资源的开发与利用

本课程以学徒在岗培养、在岗任务训练的形式开展，需配备校企岗位“双导师”（师傅），导师必须具备岗位带教的能力和水平。需开发和配备教师指导手册、学徒学习手册、岗位任务考核评价手册，同时需开发丰富的企业业务培训微课资源，便于学徒移动式、便利化学习。

九、教学建议

该课程是岗位技能训练，采取的教学方法注重培养学生的专业能力、方法能力和社会能力。

总体教学方法是任务教学法，学徒在“做中学”，校企“双导师”在学徒“做中教”，提高学徒的动手能力和解决问题的能力。采取方式是校企“双导师”带领学徒共同完成教学任务，通过学徒岗位工作现场的指导、帮教、考核，完成课程的教学。

十、课程实施条件

1. 师资要求

本课程要求配备校企“双导师”，学校专业导师需要具备在合作企业半年以上企业实践经验，具有本专业或相关专业硕士以上学历，拥有高等职业学校教师资格证，有中级及以上职称，有高度的责任心，沟通协调能力强，熟悉企业门店岗位业务工作内容、工作职责和工作流程。企业导师（师傅）需要有在本企业两年以上工作经验，熟悉门店岗位业务，有岗位带教的能力和水平，有高度的责任心和耐心。

2. 教学条件

学校提供“理实一体化”的教学环境，配备多媒体设备、黑（白）板、课桌椅等教学设备。企业提供集中业务培训的培训室，提供学徒轮岗训练的门店岗位，有真实的门店运营管理业务提供处理。

十一、教学评价

本课程应充分体现现代学徒制高职教育教学的特点，采取过程性考核和结果性考核相结合的考核评价方式，由校企“双导师”根据学徒的岗位业绩进行考核。其中校内导师评价占30%，主要考核学徒接受岗位业务培训、完成岗位任务时的学习态度。企业导师（师傅）评价占70%，主要考核学徒在岗位技能训练中的表现和岗位任务完成情况。

附：行业企业认知与岗前辅导课程任务结构图（见图2－13）。

（撰稿人：门洪亮、杨问芝）

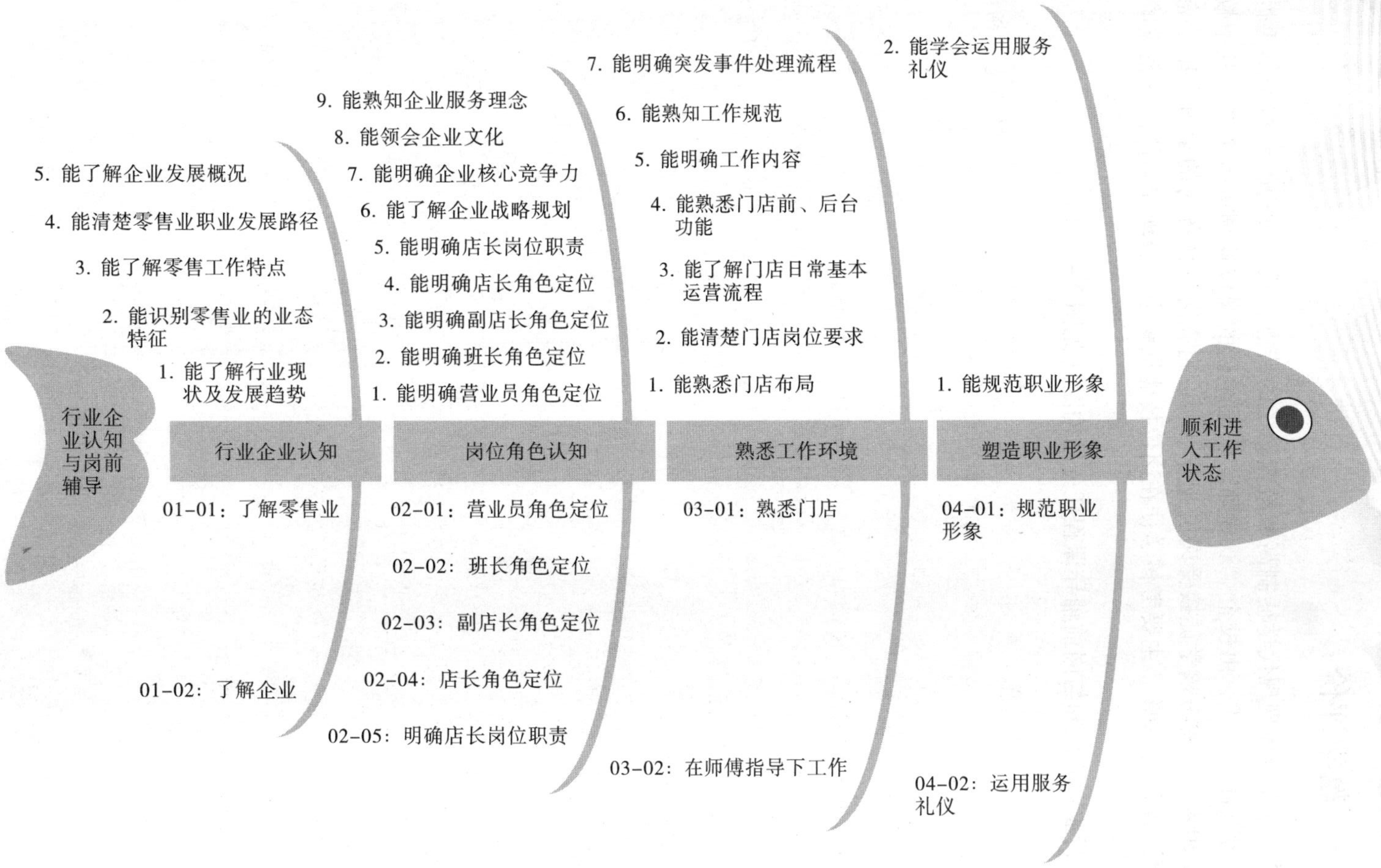

图 2-13 行业企业认知与岗前辅导课程任务结构图

学徒岗位能力课程：销售型店长课程标准（二/三年制）

一、课程名称

销售型店长。

二、适用专业及面向岗位

适用于现代学徒制市场营销专业或现代学徒制工商企业管理专业、连锁经营管理专业。面向职业店长岗位。

三、课程性质

本课程是现代学徒制市场营销专业学徒岗位能力课程，是学徒制学生掌握储备店长、店长工作岗位必备能力的课程。其主要任务旨在使学生明确如何成为一名销售型职业店长，掌握让顾客满意以及提升门店销售业绩的技巧，并通过企业门店岗位技能训练，培养销售型店长应具备的销售能力与技巧。

四、课程设计

课程设计的总体思路：本课程的实践性非常强，以学徒完成岗位工作任务为考核标准。课程组专任教师深入联合培养企业，通过观摩、调研、挂职实践锻炼、访谈门店店长与企业高管，与百果园企业课程开发部反复研讨，立足于高职教育的高等性、职业性、教育性，结合企业门店店长岗位工作的真实需要，以解决企业门店的实际问题为出发点，与合作企业合作开发工学结合课程。

课程内容确定的依据：在与企业专家、运营经理、门店店长研讨的基础上，确定了职业店长的岗位工作要以明确岗位职责为前提，熟悉产品特性为基础，以顾客为中心，提升门店销售业绩为目标。以职业能力与职业素质为主线，将工作项目进行分解和细化，提炼出每个工作项目的具体工作任务。

五、课程教学目标

1. 职业素养目标

（1）具有清晰的个人职业规划。

（2）具有发现问题、解决问题的能力和意识。

（3）具有团队合作能力。

（4）具有沟通交流的技巧。

（5）具有不断创新的意识。

（6）具有责任意识。
（7）具有自我管理能力。
（8）具有抗压能力。
2. **专业能力目标**
（1）能做好营业前、营业中、营业后的各项工作。
（2）能做好导购准备。
（3）能接触顾客进行推介商品。
（4）能处理好顾客异议。
（5）能使用成交方法达成交易。
（6）能进行商品陈列与维护。
（7）能制订与实施促销计划。

六、参考学时与学分

参考学时：108 学时。
参考学分：6 学分。

七、课程结构

销售型店长课程结构见表 2－14。

表 2－14　销售型店长课程结构

序号	学习任务（单元、模块）	对接典型工作任务及职业能力要求	知识、技能、态度要求	教学活动设计	学时
1	营业前准备	05	1. 能熟悉晨会召开的流程 2. 能整理营业环境 3. 能调试营业设备 4. 能准备其他营业事项 5. 能开展面对面顾问式导购 6. 能熟练收银 7. 能有效执行门店的销售计划，达成销售目标	1. 营业前准备 2. 开展真实岗位工作，完成营业前准备任务训练 3. 校企“双导师”门店岗位现场指导	8
2	营业中管理	06	1. 能进行日常运营管理 2. 能处理突发事件	1. 营业中管理 2. 开展真实岗位工作，完成营业中任务训练 3. 校企“双导师”门店岗位现场指导	8

续上表

序号	学习任务（单元、模块）	对接典型工作任务及职业能力要求	知识、技能、态度要求	教学活动设计	学时
3	营业后工作	07	1．能组织召开总结会 2．能核对账务 3．会填写工作日志 4．能处理好其他事项	1．营业后工作 2．开展真实岗位工作，完成营业后任务训练 3．校企“双导师”门店岗位现场指导	8
4	做好导购准备	08	1．能了解商品的特性、卖点 2．能了解营销重点 3．能了解消费群特征 4．能熟悉竞争环境	1．做好导购准备 2．开展真实岗位工作，完成导购准备任务训练 3．校企“双导师”门店岗位现场指导	8
5	接触顾客	09	1．能发现顾客 2．能做好开场白 3．能正确评估顾客 4．能说服顾客成交	1．接触顾客 2．开展真实岗位工作，完成接触顾客任务训练 3．校企“双导师”门店岗位现场指导	10
6	推介商品	10	1．能学会倾听 2．能采取合适方式推介商品	1．推介商品的方式 2．开展真实岗位工作，完成商品推介任务训练 3．校企“双导师”门店岗位现场指导	10
7	处理顾客异议	11	1．能判断顾客异议的原因 2．能熟知顾客异议的处理方法 3．能熟悉顾客异议处理的步骤	1．顾客异议处理 2．开展真实岗位工作，完成顾客异议处理任务训练 3．校企“双导师”门店岗位现场指导	10
8	达成交易	12	1．能识别成交信号 2．能抓住成交机会 3．会运用成交方法	1．达成交易方法 2．开展真实岗位工作，完成达成交易的任务训练 3．校企“双导师”门店岗位现场指导	10

续上表

序号	学习任务（单元、模块）	对接典型工作任务及职业能力要求	知识、技能、态度要求	教学活动设计	学时
9	安排付款	13	1. 会使用收银设备 2. 能熟记商品条码 3. 能熟悉门店促销活动 4. 会根据顾客需求选择付款方式并结算	1. 付款注意事项 2. 开展真实岗位工作，完成收银任务训练 3. 校企“双导师”门店岗位现场指导	6
10	结束送客	14	能使用欢送礼仪	1. 结束送客注意事项 2. 开展真实岗位工作，完成任务训练 3. 校企“双导师”门店岗位现场指导	2
11	商品陈列与维护	15	1. 会利用陈列提升门店销售业绩 2. 能进行商品陈列维护	1. 利用商品陈列提升销售 2. 开展真实岗位工作，完成任务训练 3. 校企“双导师”门店岗位现场指导	12
12	制订与实施促销计划	16	1. 能做好促销准备 2. 能做好促销中的管控 3. 能做好促销后的总结	1. 制订与实施促销计划 2. 开展真实岗位工作，完成任务训练 3. 校企“双导师”门店岗位现场指导	16
合计					108

八、资源开发与利用

1. 教材编写与使用

（1）教材是达到教学目标的手段，必须依据本课程标准以及项目化课程开发的思路来编写，应充分体现商业连锁门店岗位工作任务引领、工作过程导向的设计思想。

（2）教材编写分为教师指导手册与学生任务手册。编写思路是将门店中的典型工作过程或工作内容分解成典型的工作项目，然后对工作项目进行分解与细化，提炼出工作项目中的具体工作任务，最后设计学习主题。

（3）教材表达应通俗易懂、图文并茂、精练、准确、科学；教材内容应体现先进性、通用性、实用性，并吸纳最新的经营管理方法和管理工具，必须贴近连锁商业发展的实际需要；教材中的活动设计要具体可行。

2. 数字化资源开发与利用

数字化资源的开发是为了更好地学习本课程，因此必须严格按照本课程的设计思路，开发与教材、教学相匹配的数字化资源，包括 PPT、工作流程演示小视频或动画、教师手册、学徒学习手册、学习任务文档、任务考核评价文档、教学案例、相应任务主题的微课资源。数字化资源可以采用资源共享课程或微课平台的形式实现共享。

3. 企业岗位培养资源的开发与利用

本课程以学徒在岗培养、在岗任务训练的形式开展，需配备校企岗位“双导师”（师傅），导师必须具备岗位带教的能力和水平；需开发和配备教师指导手册、学徒学习手册、岗位任务考核评价手册；同时需开发丰富的企业业务培训微课资源，便于学徒移动式、便利化学习。

九、教学建议

该课程是岗位技能训练，采取的教学方法应注重培养学生的专业能力、方法能力和社会能力。

总体教学方法是任务教学法，学徒在“做中学”，校企“双导师”在学徒“做中教”，提高学徒的动手能力和解决问题的能力。采取方式是校企“双导师”带领学徒共同完成教学任务，通过学徒岗位工作现场的指导、帮教、考核，完成课程的教学。

十、课程实施条件

1. 师资要求

本课程要求配备校企“双导师”，学校专业导师需要具备在合作企业半年以上的企业实践经验，具有本专业或相关专业硕士以上学历，拥有高等职业学校教师资格证，有中级及以上职称，有高度的责任心，沟通协调能力强，熟悉企业门店岗位业务工作内容、工作职责和工作流程。企业导师（师傅）需要有在本企业两年以上的工作经验，熟悉门店岗位业务，有岗位带教的能力和水平，有高度的责任心和耐心。

2. 教学条件

学校提供“理实一体化”的教学环境，配备多媒体设备、黑（白）板、课桌椅等教学设备。企业提供集中业务培训的培训室，提供学徒轮岗训练的门店岗位，有真实的门店运营管理业务提供处理。

十一、教学评价

本课程应充分体现现代学徒制高职教育教学的特点，采取过程性考核和结果性考核相结合的考核评价方式，由校企“双导师”根据学徒的岗位业绩进行考核。其中校内导师评价占30%，主要考核学徒接受岗位业务培训以及完成岗位任务时的学习态度来评价。企业导师（师傅）评价占70%，主要考核学徒在岗位技能训练中的表现和岗位任务完成情况。

附：制订与实施门店促销计划课程任务结构图（见图2－14）。

（撰稿人：门洪亮、李霞）

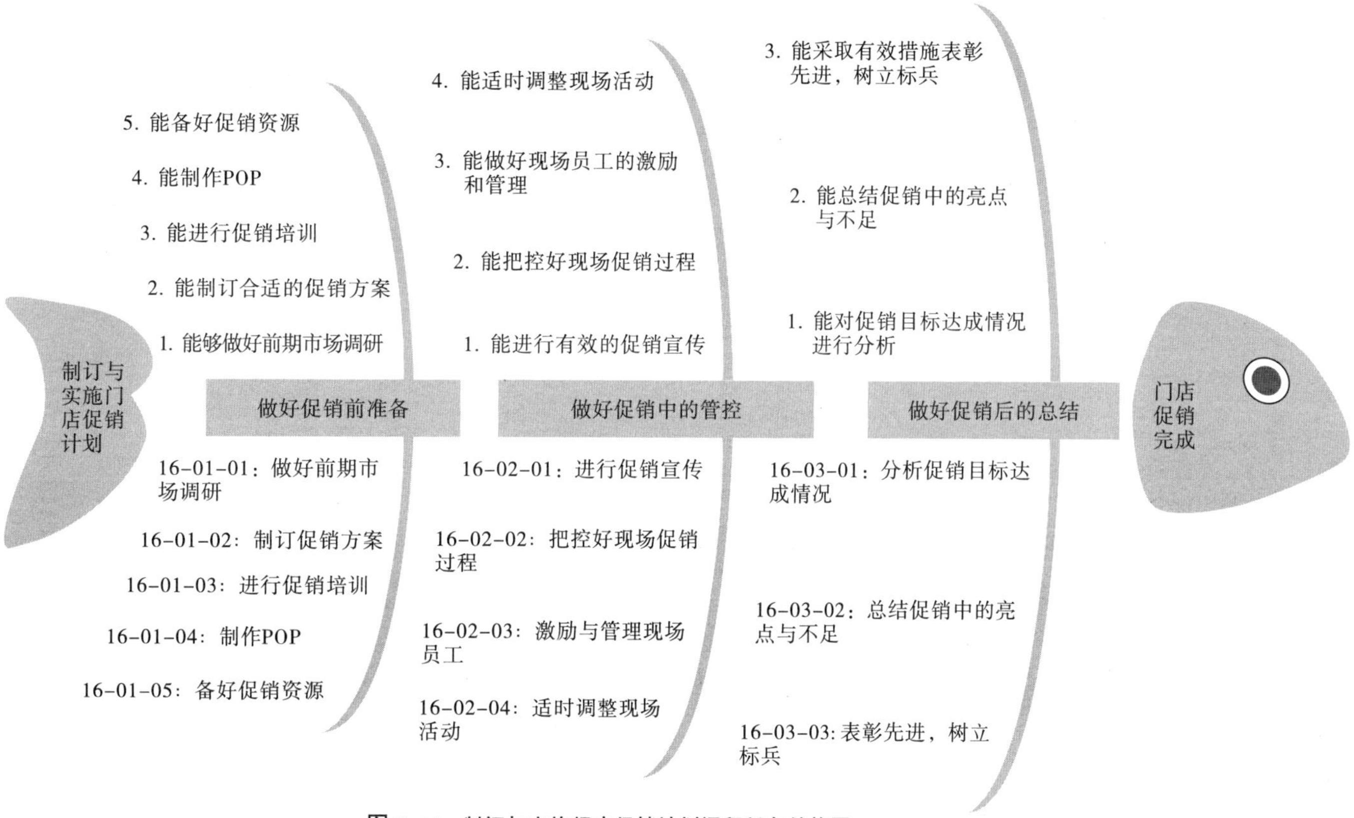

图 2-14　制订与实施门店促销计划课程任务结构图

学徒岗位能力课程：管理型店长课程标准
（二/三年制）

一、课程名称

管理型店长。

二、适用专业及面向岗位

适用于现代学徒制市场营销专业或现代学徒制工商企业管理专业、连锁经营管理专业。面向职业店长岗位。

三、课程性质

本课程是现代学徒制市场营销专业学徒岗位能力课程，是学徒制学生掌握储备店长、店长工作岗位必备能力的课程。其主要任务是使学徒明确如何从销售的角色转变为管理者的角色，以门店职业经理人的身份去管理好门店，如何有效提升门店管理的技能，并通过企业门店管理岗位技能训练，掌握职业店长所具备的各项管理能力与技巧。

四、课程设计

课程设计的总体思路：本课程的实践性非常强，以学徒完成岗位工作任务为考核标准。课程组专任教师深入联合培养企业，通过观摩、调研、挂职实践锻炼、访谈门店店长与企业高管，与行业企业课程开发人员反复研讨，立足于高职教育的高等性、职业性、教育性，结合企业门店店长岗位工作的真实需要，以解决企业门店的实际问题为出发点，与行业企业合作开发学徒岗位能力课程。

课程内容确定的依据：在与企业专家、运营经理、门店店长研讨的基础上，确定了职业店长的岗位工作要以明确岗位职责为前提，逐步提升自身的销售、管理、经营能力为基础，通过门店实际业务的运营，提升门店运营与管理水平为目标。以职业能力与职业素质为主线，将工作项目进行分解和细化，提炼出每个工作项目的具体工作任务。

五、课程教学目标

1. 职业素养目标

（1）具有清晰的个人职业规划。

（2）具有发现问题、解决问题的能力和意识。

（3）具有团队合作能力。

（4）具有沟通交流的技巧。

（5）具有基本的财务分析能力。

（6）具有不断创新的意识。
（7）具有责任意识。
（8）具有组织能力。
（9）具有抗压能力。
（10）具有自我管理能力。
（11）具有数字应用能力。
（12）具有信息处理能力。

2. 专业能力目标

（1）能从销售角色转变为管理角色。
（2）能进行门店布局与规划。
（3）能进行门店商品管理。
（4）能进行门店销售管理。
（5）能进行人员管理。
（6）能进行社群关系管理。
（7）能进行服务管理。
（8）能进行客源管理。
（9）能进行营销管理。

六、参考学时与学分

参考学时：108 学时。
参考学分：6 学分。

七、课程结构

管理型店长课程结构见表 2－15。

表 2－15　管理型店长课程结构

序号	学习任务（单元、模块）	对接典型工作任务及职业能力要求	知识、技能、态度要求	教学活动设计	学时
1	转变角色	17	1. 能了解管理型店长的工作重点 2. 能掌握熟练提升店长威信的方法 3. 能提升目标管理能力 4. 能提升自我管理能力	1. 如何从销售型店长转变为管理型店长 2. 案例分析 3. 主题研讨	6

续上表

序号	学习任务（单元、模块）	对接典型工作任务及职业能力要求	知识、技能、态度要求	教学活动设计	学时
2	门店布局与规划	18	1. 能进行合理的门店布局 2. 能对门店布局进行调整优化 3. 能实现门店布局诱导	1. 门店布局与规划 2. 开展真实岗位工作，完成实际岗位工作任务 3. 校企“双导师”门店岗位现场指导	8
3	门店商品管理	19	1. 能确定门店商品组织结构 2. 能进行商品组合的单品配置 3. 能评估商品品类 4. 能优化商品组合 5. 能进行商品价格管理 6. 能进行商品促销管理 7. 能进行商品订货管理 8. 能进行商品验收管理 9. 能进行商品库存管理 10. 能进行商品安全与防损管理	1. 商品管理 2. 开展真实岗位工作，进行轮岗训练，完成实际岗位工作任务 3. 校企“双导师”门店岗位现场指导	18
4	门店销售管理	20	1. 能执行总部下达的销售计划 2. 能执行总部下达的促销计划与促销互动 3. 能掌握门店的销售动态 4. 能拓展销售途径 5. 能提升销售毛利 6. 能提升销售额 7. 能营造门店销售氛围	1. 门店销售管理 2. 开展真实岗位工作，进行轮岗训练，完成实际岗位工作任务 3. 校企“双导师”门店岗位现场指导	18
5	门店人员管理	21	1. 能做好员工日常管理 2. 能进行员工招聘 3. 能进行合理分工 4. 能进行有效培训 5. 能进行有效考核	1. 门店人员管理 2. 开展真实岗位工作，进行轮岗训练，完成实际岗位工作任务 3. 校企“双导师”门店岗位现场指导	12

续上表

序号	学习任务（单元、模块）	对接典型工作任务及职业能力要求	知识、技能、态度要求	教学活动设计	学时
6	门店社群关系管理	22	1. 能采取有效手段融入社群 2. 能采取有效方法扩大影响力	1. 社群关系管理 2. 开展真实岗位工作，进行轮岗训练，完成实际岗位工作任务 3. 校企“双导师”门店岗位现场指导	8
7	门店服务管理	23	1. 能掌握顾客服务管理知识 2. 能有效管理顾客服务 3. 能进行现场管理 4. 能做好投诉管理 5. 能做好服务的流程管理	1. 门店服务管理 2. 开展真实岗位工作，进行轮岗训练，完成实际岗位工作任务 3. 校企“双导师”门店岗位现场指导	10
8	门店客源管理	24	1. 学会建立完善的客户档案 2. 能进行新客户开发 3. 能提高顾客满意度 4. 能提高顾客忠诚 5. 能采取有效措施挽回流失顾客	1. 客源管理 2. 开展真实岗位工作，进行轮岗训练，完成实际岗位工作任务 3. 校企“双导师”门店岗位现场指导	10
9	门店营销管理	25	1. 能全面了解市场 2. 能准确把握顾客需求 3. 能制订市场定位策略 4. 能制订营销组合策略 5. 会编制营销计划	1. 门店营销管理 2. 开展真实岗位工作，进行轮岗训练，完成实际岗位工作任务 3. 校企“双导师”门店岗位现场指导	18
合计					108

八、资源开发与利用

1. 教材编写与使用

（1）教材是达到教学目标的手段，必须依据本课程标准以及项目化课程开发的思路来编写，应充分体现商业连锁门店岗位工作任务引领、工作过程导向的设计思想。

（2）教材编写分为教师指导手册与学生任务手册。编写思路是将门店中的典型工作过程或工作内容分解成典型的工作项目，然后对工作项目进行分解与细化，提炼出工作项目中的具体工作任务，最后设计学习主题。

（3）教材表达应通俗易懂、图文并茂、精练、准确、科学；教材内容应体现先进性、通用性、实用性，并吸纳最新的经营管理方法和管理工具，必须贴近连锁商业发展的实际需要；教材中的任务设计要具体可行。

2. 数字化资源开发与利用

数字化资源的开发是为了更好地学习本课程，因此必须严格按照本课程的设计思路，开发与教材、教学相匹配的数字化资源，包括 PPT、工作流程演示小视频或动画、教师手册、学徒学习手册、学习任务文档、任务考核评价文档、教学案例、相应任务主题的微课资源。数字化资源可以采用资源共享课程或微课平台的形式实现共享。

3. 企业岗位培养资源的开发与利用

本课程以学徒在岗培养、在岗任务训练的形式开展，需配备校企岗位“双导师”（师傅），导师必须具备岗位带教的能力和水平；需开发和配备教师指导手册、学徒学习手册、岗位任务考核评价手册；同时需开发丰富的企业业务培训微课资源，便于学徒移动式、便利化学习。

九、教学建议

该课程是岗位技能训练，采取的教学方法应注重培养学生的专业能力、方法能力和社会能力。

总体教学方法是任务教学法，学徒在“做中学”，校企“双导师”在学徒“做中教”，提高学徒的动手能力和解决问题的能力。采取方式是校企“双导师”带领学徒共同完成教学任务，通过学徒岗位工作现场的指导、帮教、考核，完成课程的教学。

十、课程实施条件

1. 师资要求

本课程要求配备校企“双导师”，学校专业导师需要具备在合作企业半年以上的企业实践经验，具有本专业或相关专业硕士以上学历，拥有高等职业学校教师资格证，有中级及以上职称，有高度的责任心，沟通协调能力强，熟悉企业门店岗位业务工作内容、工作职责和工作流程。企业导师（师傅）需要有在本企业两年以上的工作经验，熟悉门店岗位业务，有岗位带教的能力和水平，有高度的责任心和耐心。

2. **教学条件**

学校提供“理实一体化”的教学环境，配备多媒体设备、黑（白）板、课桌椅等教学设备。企业提供集中业务培训的培训室，提供学徒轮岗训练的门店岗位，有真实的门店运营管理业务提供处理。

十一、教学评价

本课程应充分体现现代学徒制高职教育教学的特点，采取过程性考核和结果性考核相结合的考核评价方式，由校企“双导师”根据学徒的岗位业绩进行考核。其中校内导师评价占30%，主要考核学徒接受岗位业务培训以及完成岗位任务时的学习态度。企业导师（师傅）评价占70%，主要考核学徒在岗位技能训练中的表现和岗位任务完成情况。

附：门店人员管理课程任务结构图（见图2－15）。

（撰稿人：门洪亮、李引霞）

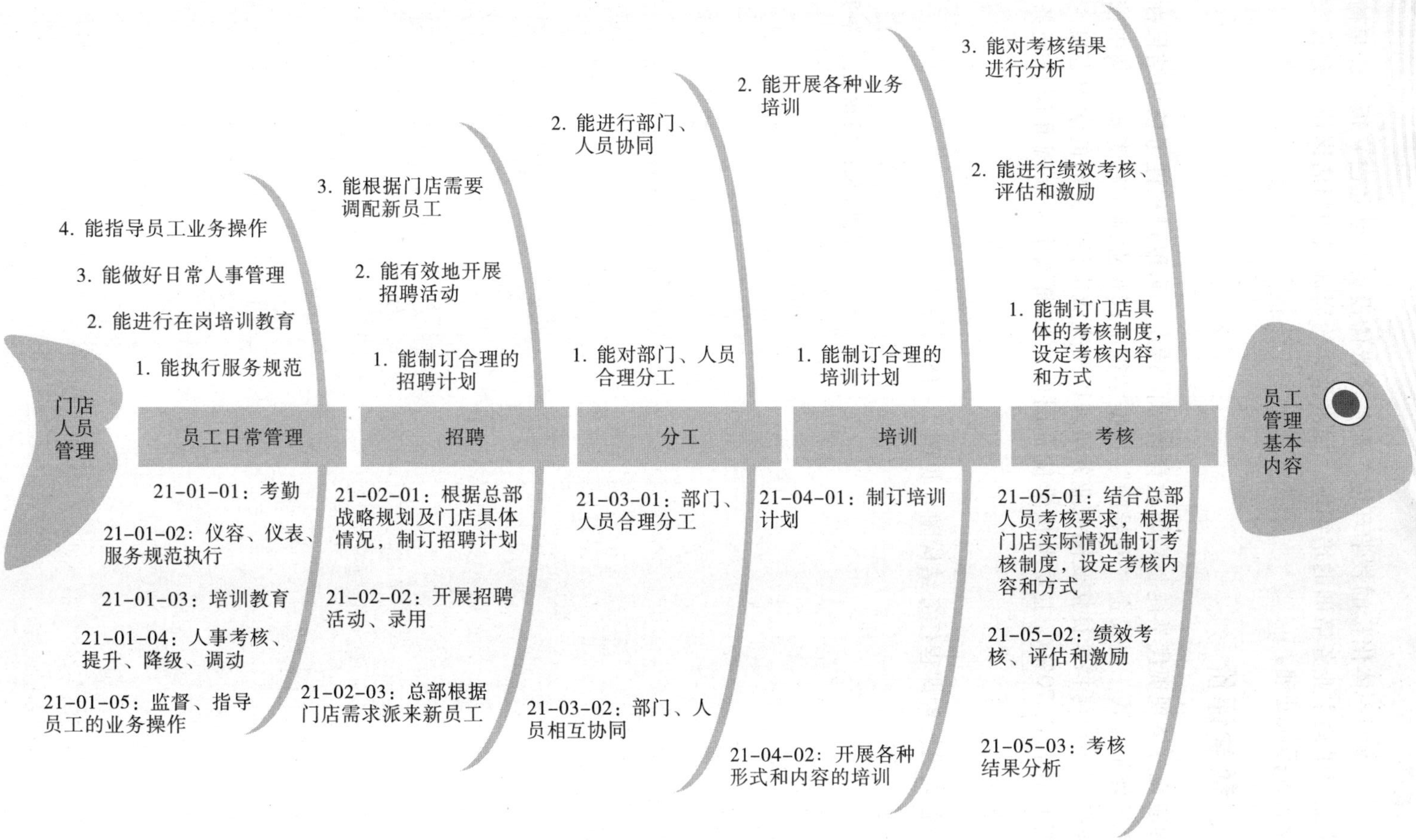

图 2-15　门店人员管理课程任务结构图

学徒岗位能力课程：经营型店长课程标准（二/三年制）

一、课程名称

经营型店长。

二、适用专业及面向岗位

适用于现代学徒制市场营销专业或现代学徒制工商企业管理专业、连锁经营管理专业。面向职业店长岗位。

三、课程性质

本课程是现代学徒制市场营销专业学徒岗位能力课程，是学徒制学生掌握储备店长、店长工作岗位必备能力的课程。其主要任务是使学徒明确如何成为经营型的职业店长，通过企业门店岗位技能训练，掌握职业店长所具备的经营能力与技巧。

四、课程设计

课程设计的总体思路：本课程的实践性非常强，以学徒完成岗位工作任务为考核。课程组专任教师深入联合培养企业，通过观摩、调研、挂职实践锻炼、访谈门店店长与企业高管，与行业企业课程开发人员反复研讨，立足于高职教育的高等性、职业性、教育性，结合企业门店店长岗位工作的真实需要，以解决企业门店的实际问题为出发点，与行业企业合作开发学徒岗位课程。

课程内容确定的依据：在与企业专家、运营经理、门店店长研讨的基础上，确定了职业店长的岗位工作要以明确岗位职责为前提，逐步提升自身及团队的经营能力为基础，通过门店实际业务的运营，提升门店运营与管理水平为目标。以职业能力与职业素质为主线，将工作项目进行分解和细化，提炼出每个工作项目的具体工作任务。

五、课程教学目标

1. 职业素养目标

（1）具有清晰的个人职业规划。

（2）具有发现问题、解决问题的能力和意识。

（3）具有团队合作能力。

（4）具有基本的财务分析能力。

（5）具有不断创新的意识。

（6）具有责任意识。

(7) 具有组织能力。
(8) 具有抗压能力。
(9) 具有沟通交流技巧。
(10) 具有数字应用能力。
(11) 具有自我管理能力。
(12) 具有信息处理能力。

2. 专业能力目标

(1) 能进行商业模式选择。
(2) 能进行选址与商圈分析。
(3) 能进行投资开发可行性分析。
(4) 能进行团队建设。
(5) 能塑造门店特色文化。
(6) 能提升门店经营能力。

六、参考学时与学分

参考学时：108 学时。
参考学分：6 学分。

七、课程结构

经营型店长课程结构见表 2 – 16。

表 2 – 16 经营型店长课程结构

序号	学习任务（单元、模块）	对接典型工作任务及职业能力要求	知识、技能、态度要求	教学活动设计	学时
1	商业模式选择	26	1. 了解商业模式 2. 能进行商业模式选择 3. 能进行商业模式画布设计 4. 能打造样板店	1. 商业模式选择 2. 开展真实岗位工作，进行轮岗训练，完成实际岗位工作任务 3. 校企“双导师”门店岗位现场指导	18
2	门店选址与商圈分析	27	1. 能掌握门店选址的内容、方法 2. 能进行门店商圈调查 3. 能确定门店具体选址	1. 门店选址与商圈分析 2. 开展真实岗位工作，进行轮岗训练，完成实际岗位工作任务 3. 校企“双导师”门店岗位现场指导	20

续上表

序号	学习任务（单元、模块）	对接典型工作任务及职业能力要求	知识、技能、态度要求	教学活动设计	学时
3	门店投资开发可行性分析	28	1. 能了解可行性分析的内容 2. 能进行可行性环境分析 3. 能进行投资构成分析 4. 能进行经济评价	1. 门店投资开发可行性分析 2. 开展真实岗位工作，进行轮岗训练，完成实际岗位工作任务 3. 校企“双导师”门店岗位现场指导	18
4	打造优秀团队	29	1. 能组建、优化团队 2. 能进行绩效管理 3. 能进行团队教练与辅导 4. 能提高员工满意度 5. 能打造一支优秀团队	1. 打造优秀团队 2. 开展真实岗位工作，进行轮岗训练，完成实际岗位工作任务 3. 校企“双导师”门店岗位现场指导	16
5	塑造门店特色文化	30	1. 能了解门店文化 2. 能进行门店文化设计 3. 能落地门店文化	1. 塑造门店特色文化 2. 开展真实岗位工作，进行轮岗训练，完成实际岗位工作任务 3. 校企“双导师”门店岗位现场指导	16
6	提升门店经营能力	31	1. 能对经营数据进行分析与诊断 2. 能做好动态销售管理 3. 能开展市场督导与管理 4. 能进行门店创新 5. 能制订有效的竞争战略	1. 提升门店经营能力 2. 开展真实岗位工作，进行轮岗训练，完成实际岗位工作任务 3. 校企“双导师”门店岗位现场指导	20
合　计					108

八、资源开发与利用

1. **教材编写与使用**

（1）教材是达到教学目标的手段，必须依据本课程标准以及项目化课程开发的思路来编写，应充分体现商业连锁门店岗位工作任务引领、工作过程导向的设计思想。

（2）教材编写分为教师指导手册与学生任务手册。编写思路是将门店中的典型工作过程或工作内容分解成典型的工作项目，然后对工作项目进行分解与细化，提炼出工作项目中的具体工作任务，最后设计学习主题。

（3）教材表达应通俗易懂、图文并茂、精练、准确、科学；教材内容应体现先进性、通用性、实用性，并吸纳最新的经营管理方法和管理工具，必须贴近连锁商业发展的实际需要；教材中的任务设计要具体可行。

2. **数字化资源开发与利用**

数字化资源的开发是为了更好地学习本课程，因此，必须严格按照本课程的设计思路，开发与教材、教学相匹配的数字化资源，包括 PPT、工作流程演示小视频或动画、教师手册、学徒学习手册、学习任务文档、任务考核评价文档、教学案例、相应任务主题的微课资源。数字化资源可以采用资源共享课程或微课平台的形式实现共享。

3. **企业岗位培养资源的开发与利用**

本课程以学徒在岗培养、在岗任务训练的形式开展，需配备校企岗位“双导师”（师傅），导师必须具备岗位带教的能力和水平；需开发和配备教师指导手册、学徒学习手册、岗位任务考核评价手册；同时需开发丰富的企业业务培训微课资源，便于学徒移动式、便利化学习。

九、教学建议

该课程是岗位技能训练，采取的教学方法注重培养学生的专业能力、方法能力和社会能力。

总体教学方法是任务教学法，学徒在“做中学”，校企“双导师”在学徒“做中教”，提高学徒的动手能力和解决问题的能力。采取方式是校企“双导师”带领学徒共同完成教学任务，通过学徒岗位工作现场的指导、帮教、考核，完成课程的教学。

十、课程实施条件

1. **师资要求**

本课程要求配备校企“双导师”，学校专业导师需要具备在合作企业半年以上的企业实践经验，具有本专业或相关专业硕士以上学历，拥有高等职业学校教师资格证，有中级及以上职称，有高度的责任心，沟通协调能力强，熟悉企业门店岗位业务工作内容、工作职责和工作流程。企业导师（师傅）需要有在本企业两年以上的工作经验，熟悉门店岗位业务，有岗位带教的能力和水平，有高度的责任心和耐心。

2. **教学条件**

学校提供“理实一体化”的教学环境，配备多媒体设备、黑（白）板、课桌椅等教学设备。企业提供集中业务培训的培训室，提供学徒轮岗训练的门店岗位，有真实的门店运营管理业务提供处理。

十一、教学评价

本课程应充分体现现代学徒制高职教育教学的特点，采取过程性考核和结果性考核相结合的考核评价方式，由校企“双导师”根据学徒的岗位业绩进行考核。其中校内导师评价占30%，主要考核学徒接受岗位业务培训以及完成岗位任务时的学习态度。企业导师（师傅）评价占70%，主要考核学徒在岗位技能训练的表现和岗位任务完成情况。

附：门店投资可行性分析课程任务结构图（见图2－16）。

（撰稿人：门洪亮、王书暐）

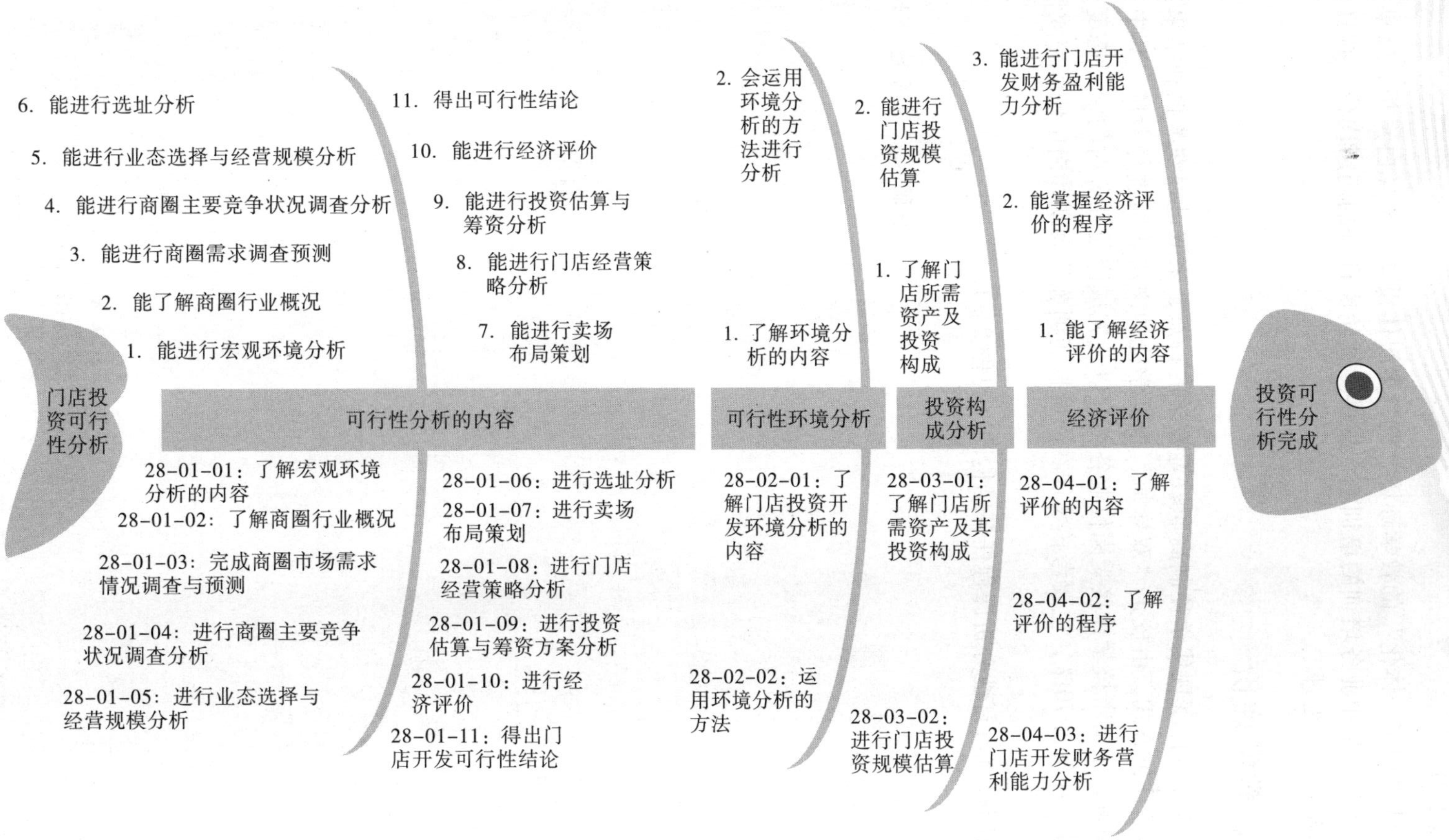

图 2-16　门店投资可行性分析课程任务结构图

学徒岗位能力课程：职业店长综合技能训练课程标准（二年制）

一、课程名称

职业店长综合技能训练。

二、适用专业及面向岗位

适用于现代学徒制市场营销专业或现代学徒制工商企业管理专业、连锁经营管理专业。面向职业店长岗位。

三、课程性质

本课程是现代学徒制市场营销专业学徒岗位能力课程，是学徒制学生学习掌握储备店长、店长工作岗位必备能力的一门课程。其主要任务是使学徒明确如何成为一名职业店长，通过企业门店岗位技能训练，掌握职业店长所具备的销售、管理、经营能力与技巧。

在专业课程体系中，职业店长综合技能训练与学徒岗位课程的其他课程并行开设，是在完成专业基础课程的学习后进入学徒岗位训练时，在工作中学习的一门课程。

四、课程设计

课程设计的总体思路：本课程的实践性非常强，以学徒完成岗位工作任务为考核标准。课程组专任教师深入联合培养企业，通过观摩、调研、挂职实践锻炼、访谈门店店长与企业高管，与行业企业课程开发人员反复研讨，立足于高职教育的高等性、职业性、教育性，结合企业门店店长岗位工作的真实需要，以解决企业门店的实际问题为出发点，与行业企业合作开发学徒岗位能力课程。

课程内容确定的依据：在与企业专家、运营经理、门店店长研讨的基础上，确定了职业店长的岗位工作要以明确岗位职责为前提，逐步提升自身的销售、管理、经营能力为基础，通过门店实际业务的运营，提升门店销售、管理与经营水平为目标。所以，本课程基于工作内容，系统构建了相关学习项目，主要有：门店运营管理认知、门店销售管理能力提升、门店管理能力提升、门店经营能力提升。然后以职业能力与职业素质为主线，将工作项目进行分解和细化，提炼出每个工作项目的具体工作任务。

五、课程教学目标

1. 职业素养目标

（1）具有清晰的个人职业规划。

（2）具有发现问题、解决问题的能力和意识。

（3）具有团队合作能力。
（4）具有沟通交流的技巧。
（5）具有基本的财务分析能力。
（6）具有不断创新的意识。
（7）具有责任意识。
（8）具有组织能力。
（9）具有抗压能力。

2. 专业能力目标

（1）能熟悉门店运营管理的基本流程与内容。
（2）能完成门店的销售任务和目标。
（3）能管理好门店的各项资源。
（4）能经营好门店，不断提升业绩。

六、参考学时与学分

参考学时：300 学时。分两个学期完成，第 3 学期 72 学时，第 4 学期 228 学时。
参考学分：16.5 学分。

七、课程结构

职业店长综合技能训练课程见表 2－17。

表 2－17 职业店长综合技能训练课程

序号	学习任务（单元、模块）	对接典型工作任务及职业能力要求	知识、技能、态度要求	教学活动设计	学时
1	提升销售能力	05－01 11－02 15－01 16	1. 能组织召开晨会 2. 能有针对性地处理顾客异议 3. 能通过商品陈列提升销售 4. 能制订与实施促销计划	1. 配合“销售型店长”课程的相关内容开展真实的岗位技能训练 2. 参加企业业务培训：公司制度、门店运营管理制度、岗位工作流程、产品培训等 3. 开展真实岗位工作，进行轮岗训练，完成实际岗位工作任务：理货、陈列维护、鲜度管理、收银、导购、客户服务、促销执行等项目 4. 校企“双导师”门店岗位现场指导	108

续上表

序号	学习任务（单元、模块）	对接典型工作任务及职业能力要求	知识、技能、态度要求	教学活动设计	学时
2	提升管理能力	19－01 19－02 19－04 19－05 19－07 19－10 20－03 20－05 20－06 20－07 25－04	1. 能进行门店商品管理 2. 能进行商品价格管理 3. 能进行商品订货管理 4. 能做好损耗控制 5. 能掌握销售动态 6. 能提升销售毛利 7. 能提升销售额 8. 能营造门店销售氛围 9. 能进行门店营销管理	1. 配合“管理型店长”课程的相关内容开展真实的岗位技能训练 2. 参加企业业务培训：班长业务培训、店助业务培训、管理能力提升业务培训 3. 开展真实岗位工作，进行轮岗训练，完成实际岗位工作任务：商品管理、销售管理、人员管理、客户管理、服务管理、客源管理、营销管理等项目任务 4. 校企“双导师”门店岗位现场指导	108
3	提升经营能力	26－04 27－02 29－01 29－02 29－03 31－01 31－02 31－04 31－05	1. 能打造样板店 2. 能进行商圈分析 3. 能进行团队建设 4. 能进行绩效管理 5. 能开展团队教练与辅导 6. 能进行门店经营数据分析 7. 能从门店经营数据分析中找出经营中存在的问题，并有针对性地解决问题 8. 能进行门店创新 9. 能开展有效竞争	1. 配合“经营型店长”课程的相关内容开展真实的岗位技能训练 2. 参加企业业务培训：店长培训、店长能力提升培训、经营能力提升业务培训 3. 开展真实岗位工作，进行轮岗训练，完成实际岗位工作任务：商业模式分析与选择、商圈分析与选址、门店投资可行性分析、门店团队建设、门店文化塑造、门店经营数据分析与诊断、市场督导与运营、开展有效竞争等项目任务 4. 校企“双导师”门店岗位现场指导	84
合　计					300

八、资源开发与利用

1. **教材编写与使用**

（1）教材是达到教学目标的手段，必须依据本课程标准以及项目化课程开发的思路来编写，应充分体现商业连锁门店岗位工作任务引领、工作过程导向的设计思想。

（2）教材编写分为教师指导手册与学生任务手册。编写思路是将门店中的典型工作过程或工作内容分解成典型的工作项目，然后对工作项目进行分解与细化，提炼出工作项目中的具体工作任务，最后设计学习主题。

（3）教材表达应通俗易懂、图文并茂、精练、准确、科学；教材内容应体现先进性、通用性、实用性，并吸纳最新的经营管理方法和管理工具，必须贴近连锁商业发展的实际需要；教材中的活动设计要具体可行。

2. **数字化资源开发与利用**

数字化资源的开发是为了更好地学习本课程，因此必须严格按照本课程的设计思路，开发与教材、教学相匹配的数字化资源，包括 PPT、工作流程演示小视频或动画、教师手册、学徒学习手册、学习任务文档、任务考核评价文档、教学案例、相应任务主题的微课资源。数字化资源可以采用资源共享课程或微课平台的形式实现共享。

3. **企业岗位培养资源的开发与利用**

本课程以学徒在岗培养、在岗任务训练的形式开展，需配备校企岗位“双导师”（师傅），导师必须具备岗位带教的能力和水平；需开发和配备教师指导手册、学徒学习手册、岗位任务考核评价手册；同时需开发丰富的企业业务培训微课资源，便于学徒移动式、便利化学习。

九、教学建议

该课程是岗位技能训练，采取的教学方法注重培养学生的专业能力、方法能力和社会能力。

总体教学方法是任务教学法，学徒在“做中学”，校企“双导师”在学徒“做中教”，提高学徒的动手能力和解决问题的能力。采取方式是校企“双导师”带领学徒共同完成教学任务，通过学徒岗位工作现场的指导、帮教、考核，完成课程的教学。

十、课程实施条件

1. **师资要求**

本课程要求配备校企“双导师”，学校专业导师需要具备在合作企业半年以上的企业实践经验，具有本专业或相关专业硕士以上学历，拥有高等职业学校教师资格证，有中级及以上职称，有高度的责任心，沟通协调能力强，熟悉企业门店岗位业务工作内容、工作职责和工作流程。企业导师（师傅）需要有在本企业两年以上的工作经验，熟悉门店岗位业务，有岗位带教的能力和水平，有高度的责任心和耐心。

2. **教学条件**

学校提供“理实一体化”的教学环境，配备多媒体设备、黑（白）板、课桌椅等教学设备。企业提供集中业务培训的培训室，提供学徒轮岗训练的门店岗位，有真实的门店运营管理业务提供处理。

十一、教学评价

本课程应充分体现现代学徒制高职教育教学的特点，采取过程性考核和结果性考核相结合的考核评价方式，由校企“双导师”根据学徒的岗位业绩进行考核。其中校内导师评价占30%，主要考核学徒接受岗位业务培训以及完成岗位任务时的学习态度。企业导师（师傅）评价占70%，主要考核学徒在岗位技能训练的表现和岗位任务完成情况。

附：提升门店经营能力课程任务结构图（见图2－17）。

（撰稿人：门洪亮、王书暐）

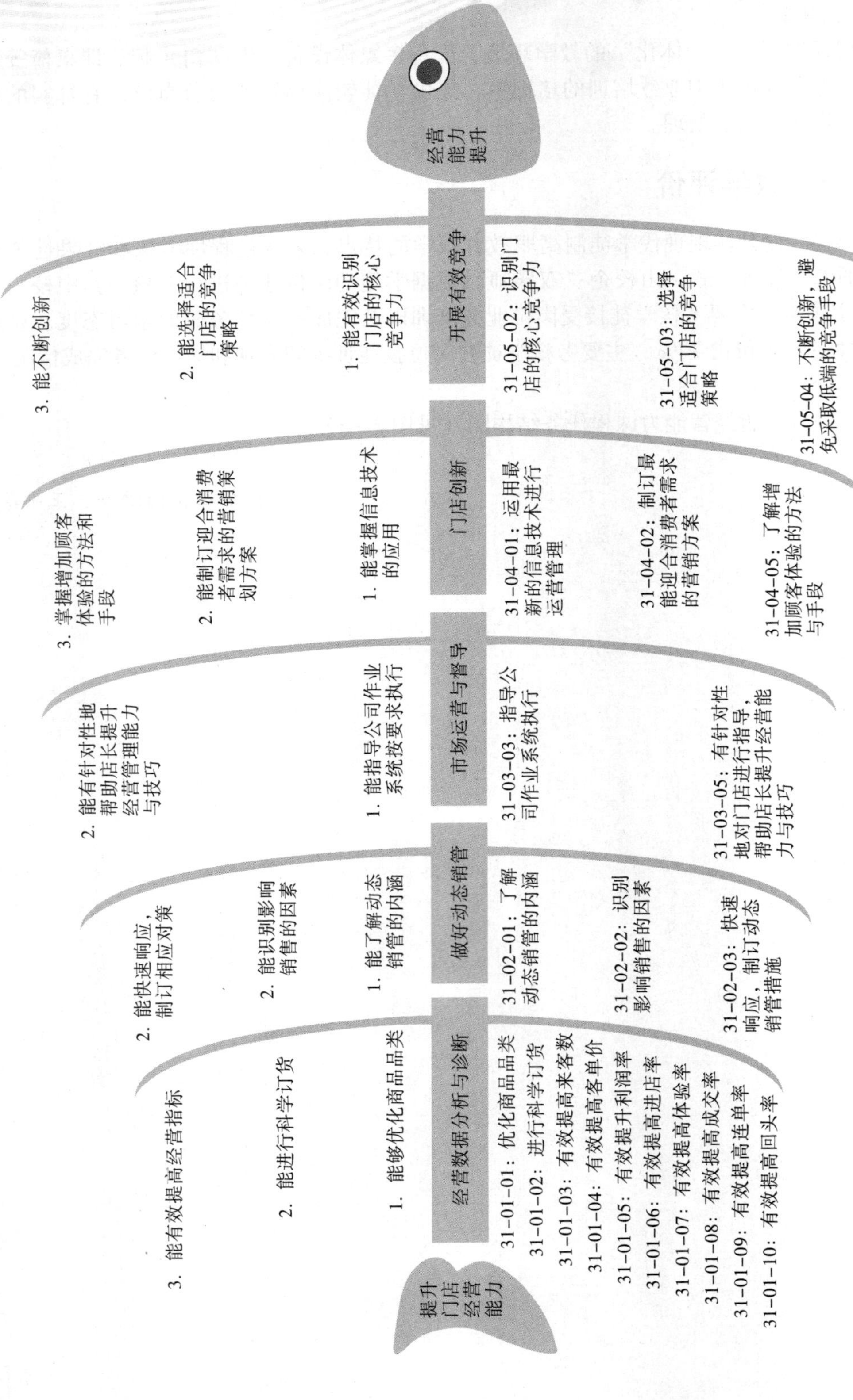

图 2-17 提升门店经营能力课程任务结构图

学徒岗位能力课程：职业店长综合技能训练课程标准（三年制）

一、课程名称

职业店长综合技能训练。

二、适用专业及面向岗位

适用于现代学徒制市场营销专业或现代学徒制工商企业管理专业、连锁经营管理专业。面向职业店长岗位。

三、课程性质

本课程是现代学徒制市场营销专业学徒岗位能力课程，是学徒制学生掌握储备店长、店长工作岗位必备能力的一门课程。其主要任务是使学徒明确如何成为一名职业店长，通过企业门店岗位技能训练，掌握职业店长所具备的销售、管理、经营能力与技巧。

在专业课程体系中，职业店长综合技能训练与学徒岗位课程的其他课程并行开设，是在完成专业基础课程的学习后进入学徒岗位训练时，在工作中学习的一门课程。

四、课程设计

课程设计的总体思路：本课程的实践性非常强，以学徒完成岗位工作任务为考核标准。课程组专任教师深入联合培养企业，通过观摩、调研、挂职实践锻炼、访谈门店店长与企业高管，与行业企业课程开发人员反复研讨，立足于高职教育的高等性、职业性、教育性，结合企业门店店长岗位工作的真实需要，以解决企业门店的实际问题为出发点，与行业企业合作开发学徒岗位能力课程。

课程内容确定的依据：在与企业专家、运营经理、门店店长研讨的基础上，确定了职业店长的岗位工作要以明确岗位职责为前提，逐步提升自身的销售、管理、经营能力为基础，通过门店实际业务的运营，提升门店销售、管理与经营水平为目标。所以，本课程基于工作内容，系统构建了相关学习项目，主要有：门店运营管理认知、门店销售管理能力提升、门店管理能力提升、门店经营能力提升。然后以职业能力与职业素质为主线，将工作项目进行分解和细化，提炼出每个工作项目的具体工作任务。

五、课程教学目标

1. 职业素养目标

（1）具有清晰的个人职业规划。

（2）具有发现问题、解决问题的能力和意识。

（3）具有团队合作能力。

（4）具有沟通交流的技巧。
（5）具有基本的财务分析能力。
（6）具有不断创新的意识。
（7）具有责任意识。
（8）具有组织能力。
（9）具有抗压能力。

2. **专业能力目标**

（1）能熟悉门店运营管理的基本流程与内容。
（2）能完成门店的销售任务和目标。
（3）能管理好门店的各项资源。
（4）能经营好门店，不断提升业绩。

六、参考学时与学分

参考学时：660学时，分三个学期完成，第3学期216学时，第4学期288学时，第5学期156学时。

参考学分：38.5学分。

七、课程结构

职业店长综合技能训练课程结构见表2-18。

表2-18 职业店长综合技能训练课程结构

序号	学习任务（单元、模块）	对接典型工作任务及职业能力要求	知识、技能、态度要求	教学活动设计	学时
1	提升销售能力	05-01 11-02 15-01 16	1. 能组织召开晨会 2. 能有针对性地处理顾客异议 3. 能通过商品陈列提升销售 4. 能制订与实施促销计划	1. 配合“销售型店长”课程的相关内容开展真实的岗位技能训练 2. 参加企业业务培训：公司制度、门店运营管理制度、岗位工作流程、产品培训等 3. 开展真实岗位工作，进行轮岗训练，完成实际岗位工作任务：理货、陈列维护、鲜度管理、收银、导购、客户服务、促销执行等项目 4. 校企“双导师”门店岗位现场指导	216

续上表

序号	学习任务（单元、模块）	对接典型工作任务及职业能力要求	知识、技能、态度要求	教学活动设计	学时
2	提升管理能力	19－01 19－02 19－04 19－05 19－07 19－10 20－03 20－05 20－06 20－07 25－04	1. 能进行门店商品管理 2. 能进行商品价格管理 3. 能进行商品订货管理 4. 能做好损耗控制 5. 能掌握销售动态 6. 能提升销售毛利 7. 能提升销售额 8. 能营造门店销售氛围 9. 能进行门店营销管理	1. 配合“管理型店长”课程的相关内容开展真实的岗位技能训练 2. 参加企业业务培训：班长业务培训、店助业务培训、管理能力提升业务培训 3. 开展真实岗位工作，进行轮岗训练，完成实际岗位工作任务：商品管理、销售管理、人员管理、客户管理、服务管理、客源管理、营销管理等项目任务 4. 校企“双导师”门店岗位现场指导	288
3	提升经营能力	26－04 27－02 29－01 29－02 29－03 31－01 31－02 31－04 31－05	1. 能打造样板店 2. 能进行商圈分析 3. 能进行团队建设 4. 能进行绩效管理 5. 能开展团队教练与辅导 6. 能进行门店经营数据分析 7. 能从门店经营数据分析中找出经营中存在的问题，并有针对性地解决问题 8. 能进行门店创新 9. 能开展有效竞争	1. 配合“经营型店长”课程的相关内容开展真实的岗位技能训练 2. 参加企业业务培训：店长培训、店长能力提升培训、经营能力提升业务培训 3. 开展真实岗位工作，进行轮岗训练，完成实际岗位工作任务：商业模式分析与选择、商圈分析与选址、门店投资可行性分析、门店团队建设、门店文化塑造、门店经营数据分析与诊断、市场督导与运营、开展有效竞争等项目任务 4. 校企“双导师”门店岗位现场指导	156
合　计					660

八、资源开发与利用

1. **教材编写与使用**

（1）教材是达到教学目标的手段，必须依据本课程标准以及项目化课程开发的思路来编写，应充分体现商业连锁门店岗位工作任务引领、工作过程导向的设计思想。

（2）教材编写分为教师指导手册与学生任务手册。编写思路是将门店中的典型工作过程或工作内容分解成典型的工作项目，然后对工作项目进行分解与细化，提炼出工作项目中的具体工作任务，最后设计学习主题。

（3）教材表达应通俗易懂、图文并茂、精练、准确、科学；教材内容应体现先进性、通用性、实用性，并吸纳最新的经营管理方法和管理工具，必须贴近连锁商业发展的实际需要；教材中的活动设计要具体可行。

2. **数字化资源开发与利用**

数字化资源的开发是为了更好地学习本课程，因此，必须严格按照本课程的设计思路，开发与教材、教学相匹配的数字化资源，包括 PPT、工作流程演示小视频或动画、教师手册、学徒学习手册、学习任务文档、任务考核评价文档、教学案例、相应任务主题的微课资源。数字化资源可以采用资源共享课程或微课平台的形式实现共享。

3. **企业岗位培养资源的开发与利用**

本课程以学徒在岗培养、在岗任务训练的形式开展，需配备校企岗位“双导师”（师傅），导师必须具备岗位带教的能力和水平；需开发和配备教师指导手册、学徒学习手册、岗位任务考核评价手册；同时需开发丰富的企业业务培训微课资源，便于学徒移动式、便利化学习。

九、教学建议

该课程是岗位技能训练，采取的教学方法注重培养学生的专业能力、方法能力和社会能力。

总体教学方法是任务教学法，学徒在“做中学”，校企“双导师”在学徒“做中教”，提高学徒的动手能力和解决问题的能力。采取方式是校企“双导师”带领学徒共同完成教学任务，通过学徒岗位工作现场的指导、帮教、考核，完成课程的教学。

十、课程实施条件

1. **师资要求**

本课程要求配备校企“双导师”，学校专业导师需要具备在合作企业半年以上的企业实践经验，具有本专业或相关专业硕士以上学历，拥有高等职业学校教师资格证，有中级及以上职称，有高度的责任心，沟通协调能力强，熟悉企业门店岗位业务工作内容、工作职责和工作流程。企业导师（师傅）需要有在本企业两年以上的工作经验，熟悉门店岗位业务，有岗位带教的能力和水平，有高度的责任心和耐心。

2. **教学条件**

学校提供“理实一体化”的教学环境，配备多媒体设备、黑（白）板、课桌椅等教学设备。企业提供集中业务培训的培训室，提供学徒轮岗训练的门店岗位，有真实的门店运营管理业务提供处理。

十一、教学评价

本课程应充分体现现代学徒制高职教育教学的特点，采取过程性考核和结果性考核相结合的考核评价方式，由校企“双导师”根据学徒的岗位业绩进行考核。其中校内导师评价占30%，主要考核学徒接受岗位业务培训以及完成岗位任务时的学习积极性主动性。企业导师（师傅）评价占70%，主要考核学徒在岗位技能训练的表现和岗位任务完成情况。

附：提升门店经营能力课程任务结构图（见图2－18）。

（撰稿人：门洪亮、王书暐）

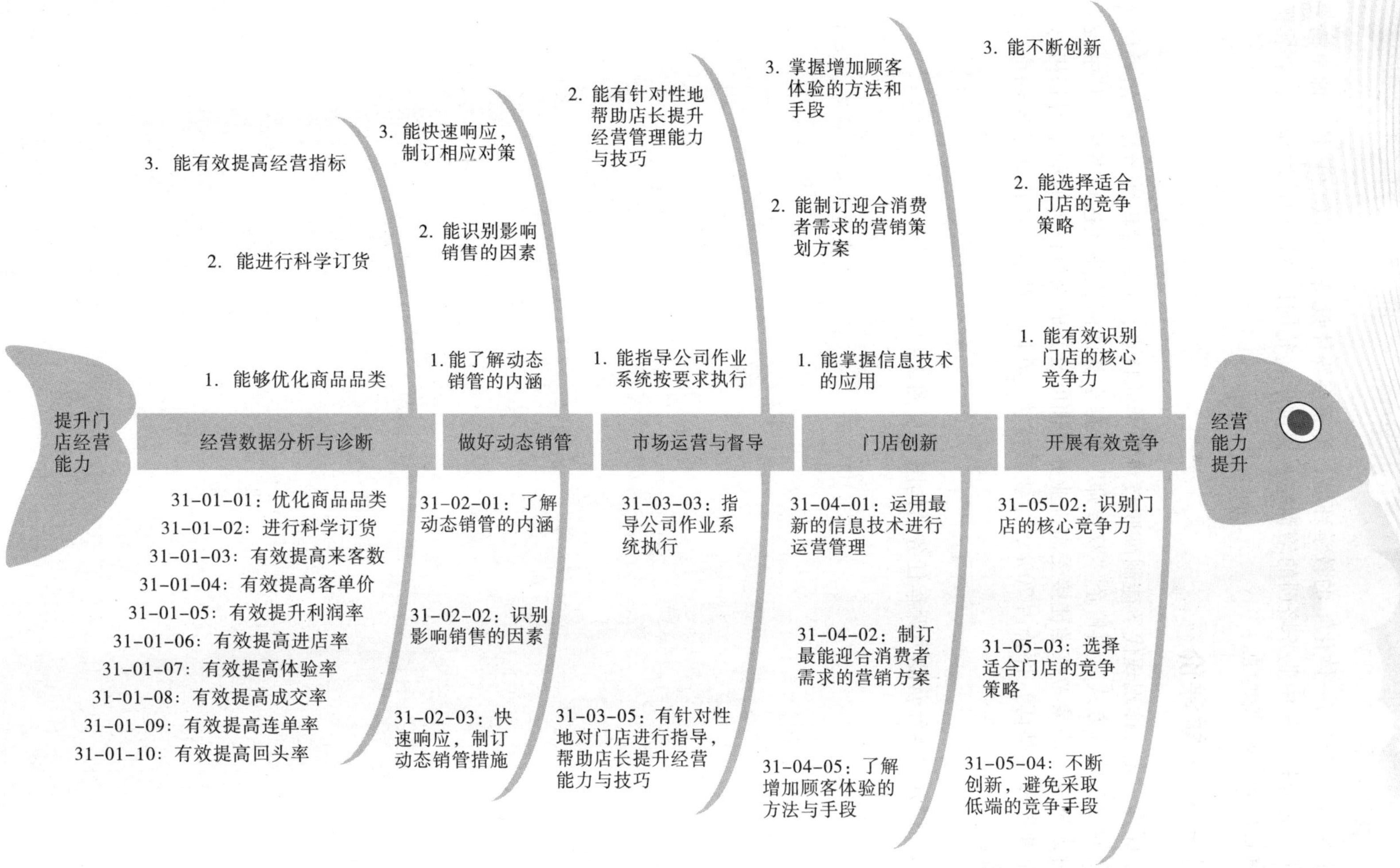

图 2-18 提升门店经营能力课程任务结构图

附　　录

1. 现代学徒制市场营销专业职业能力分析表

现代学徒制市场营销专业职业能力分析表

工作项目/职业素养		工作任务/职业素养		职业能力（知识、技能、方法、工具、要求）		学习水平 高职 Lj
01	行业企业认知	01－01	了解零售业	01－01－01	了解行业现状及发展趋势	L1
				01－01－02	识别零售业态的特征	L1
				01－01－03	了解零售行业工作特点	L1
				01－01－04	清楚零售业职业发展路径	L1
		01－02	了解企业	01－02－01	了解企业发展概况	L1
				01－02－02	了解企业战略规划	L1
				01－02－03	明确企业核心竞争力	L1
				01－02－04	领会企业文化	L1
				01－02－05	熟知企业服务理念	L1
02	岗位角色认知	02－01	营业员角色定位	02－01－01	把握顾客为中心的导向	L1
				02－01－02	明确以销售为核心的宗旨	L1
				02－01－03	做好销售全过程服务	L1
				02－01－04	服从公司及门店工作安排	L1
		02－02	班长角色定位	02－02－01	代表店长管理门店	L2
				02－02－02	安排人员分工	L2
				02－02－03	执行门店日常运营方案	L2
				02－02－04	指导班组人员工作	L2
				02－02－05	完成既定目标	L2
				02－02－06	完成交接班	L2
		02－03	副店长角色定位	02－03－01	协助店长完成门店运营管理	L3
				02－03－02	完成店长交代的日常工作	L3
				02－03－03	代表店长行使门店管理	L3
				02－03－04	完成既定目标	L3

续上表

工作项目/职业素养		工作任务/职业素养分类		职业能力（知识、技能、方法、工具、要求）		学习水平 高职 Lj
02	岗位角色认知	02－04	店长角色定位	02－04－01	代表门店行使职权	L4
				02－04－02	执行公司政策	L4
				02－04－03	指挥门店经营	L4
				02－04－04	协调日常运营出现的问题	L4
				02－04－05	教导员工	L4
				02－04－06	帮助员工做好职业规划	L4
		02－05	明确店长岗位职责	02－05－01	负责门店运营	L4
				02－05－02	管理门店商品	L4
				02－05－03	管理门店员工	L4
				02－05－04	维护顾客关系	L4
				02－05－05	分析门店信息	L4
				02－05－06	门店安全管理与控制防损	L4
03	熟悉工作环境	03－01	熟悉门店	03－01－01	熟悉门店布局	L1
				03－01－02	清楚门店岗位要求	L1
				03－01－03	了解门店日常基本运营流程	L1
				03－01－04	熟悉门店前台、后台功能	L1
		03－02	在师傅指导下工作	03－02－01	明确工作内容	L1
				03－02－02	熟知工作规范	L1
				03－02－03	明确突发事件处理流程	L1
				03－02－04	观察同事工作	L1
				03－02－05	准备岗位工作	L1
				03－02－06	总结、改进工作	L1
04	塑造职业形象	04－01	规范职业形象	04－01－01	正确穿戴工装、工帽等	L1
				04－01－02	整理仪容仪表	L1
				04－01－03	提升主动服务意识	L1
		04－02	运用服务礼仪	04－02－01	规范并使用欢迎语、导购语、欢送语等	L1
				04－02－02	熟知并运用符合规范的身体语言	L1
				04－02－03	树立顾客是上帝的服务理念	L1
				04－02－04	以顾客的需求为中心	L1
				04－02－05	践行服务承诺	L1

续上表

工作项目/职业素养		工作任务/职业素养分类		职业能力（知识、技能、方法、工具、要求）		学习水平 高职 Lj
05	营业前准备	05－01	召开晨会	05－01－01	传达公司政策、学习资料	L2
				05－01－02	通报前一营业日相关事项	L2
				05－01－03	制订当日营业目标	L2
				05－01－04	公布当天营业活动的内容	L2
				05－01－05	人员分工及安排	L2
				05－01－06	将商品变价价签发到相关人员	L2
				05－01－07	激发工作热情，鼓舞员工士气	L2
		05－02	整理营业环境	05－02－01	清扫营业环境（店内、外）	L1
				05－02－02	整理货架，做好陈列	L1
				05－02－03	整理标价签	L1
				05－02－04	调整员工职业面貌及精神状态	L1
		05－03	调试营业设备	05－03－01	调试空调、照明、音响、收银机等营业设备	L1
				05－03－02	保障卖场安全	L1
		05－04	准备其他事项	05－04－01	新员工基础培训	L2
				05－04－02	讲解新产品	L2
				05－04－03	销售知识准备	L2
				05－04－04	模拟销售演练（3 人组合）	L2
				05－04－05	销售工具准备	L1
				05－04－06	准备收银零钱	L1
				05－04－07	准备购物袋	L1
				05－04－08	营业人员到位	L1
				05－04－09	准备其他营业事项	L1
06	营业中管理	06－01	日常运营管理	06－01－01	检查营业员仪容仪表及工作状态	L2
				06－01－02	督促收银作业，随时掌握销售情况	L2
				06－01－03	控制卖场的电器及音响设备	L2
				06－01－04	维护卖场前台、后台环境与秩序	L2
				06－01－05	检查商品陈列，及时更新	L2
				06－01－06	防范损耗及安全事故发生	L2
				06－01－07	协助顾客解决消费过程中的问题	L2

续上表

工作项目/职业素养		工作任务/职业素养分类		职业能力（知识、技能、方法、工具、要求）		学习水平 高职 Lj
06	营业中管理	06－01	日常运营管理	06－01－08	处理顾客投诉	L2
				06－01－09	收集市场信息，做好销售分析	L2
				06－01－10	整理公司公文及通知，做好营业活动的开业前准备和结束后的收尾工作	L2
				06－01－11	纠正、帮助营业人员不规范、不正确行为，确保营业流程和工作流程的规范化	L2
				06－01－12	审核单据，签名	L2
				06－01－13	营业人员的交接班	L2
		06－02	处理突发事件	06－02－01	调货（店与店之间）	L2
				06－02－02	调节顾客之间、顾客与工作人员之间纠纷	L2
				06－02－03	维持卖场秩序，避免碰撞、拥挤	L2
				06－02－04	处理火灾等突发事件	L2
				06－02－05	处理人身意外事故	L2
				06－02－06	处理其他突发事件（如停电、停水、电梯故障、抢劫、示威、暴力事件等）	L2
07	营业后工作	07－01	召开总结会	07－01－01	通报当日卖场情况	L2
				07－01－02	解决当日问题	L2
				07－01－03	员工总结与分享	L2
		07－02	核对账务	07－02－01	检查当日销售报表	L2
				07－02－02	核对库存	L2
				07－02－03	核对营业款	L2
				07－02－04	核对备用金并留存	L2
		07－03	填写工作日志	07－03－01	人员变化、训练、顾客意见等	L2
				07－03－02	分析当日销售情况	L2
				07－03－03	分析目标完成情况	L2
				07－03－04	准备好次日工作的一切事务	L2
		07－04	其他事项	07－04－01	检查电器设备、门窗，杜绝安全隐患	L2
				07－04－02	妥善处理顾客投诉	L2

续上表

工作项目/职业素养		工作任务/职业素养分类		职业能力（知识、技能、方法、工具、要求）		学习水平 高职 Lj
08	做好导购准备	08－01	了解商品	08－01－01	了解商品的特性、卖点	L3
				08－01－02	了解商品的库存状态	L3
				08－01－03	了解商品的消费对象	L3
				08－01－04	了解商品能给顾客带来的利益	L3
		08－02	了解营销重点	08－02－01	了解公司当期营销重点	L3
				08－02－02	了解门店当期营销重点	L3
				08－02－03	了解当季营销重点	L3
				08－02－04	熟知门店营销策略和手段	L3
		08－03	了解消费群特征	08－03－01	了解商圈消费群结构	L3
				08－03－02	了解消费群消费习惯	L3
				08－03－03	了解消费群消费心理	L3
				08－03－04	了解消费群购买力	L3
		08－04	熟悉竞争环境	08－04－01	了解商圈竞争者	L3
				08－04－02	熟悉竞争品	L3
				08－04－03	了解竞争者及竞争品价格	L3
				08－04－04	了解竞争者的服务策略	L3
09	接触顾客	09－01	发现顾客	09－01－01	了解潜在顾客特征	L3
				09－01－02	了解发现顾客的渠道	L3
				09－01－03	在最短的时间内观察、判断顾客类型	L3
		09－02	做好开场白	09－02－01	塑造良好的第一印象	L3
				09－02－02	正确运用接待顾客礼仪	L3
				09－02－03	提供吸引顾客的内容和形式	L3
				09－02－04	运用接近顾客的方法（服务接近法、个人接近顾客法、赞美接近法、利益接近法、馈赠接近法等）	L3
		09－03	评估顾客	09－03－01	判断顾客的购买力	L3
				09－03－02	有效识别客户需求	L3
				09－03－03	识别顾客的购买决策权	L3
				09－03－04	建立顾客档案	L3

续上表

工作项目/职业素养		工作任务/职业素养分类		职业能力（知识、技能、方法、工具、要求）		学习水平 高职 Lj
09	接触顾客	09－04	说服顾客成交	09－04－01	针对不同客户类型的要求进行有针对性的推销	L3
				09－04－02	给顾客留有选择的空间和自由	L3
				09－04－03	实施临门一脚成交法	L3
10	推介商品	10－01	学会倾听	10－01－01	了解顾客类型	L3
				10－01－02	了解顾客真实和潜在需求	L3
				10－01－03	针对性推介	L3
				10－01－04	解答顾客的疑虑	L3
				10－01－05	打消顾客疑虑	L3
		10－02	推介商品	10－02－01	按照商品推介的流程介绍商品	L3
				10－02－02	使用商品推介原则	L3
				10－02－03	使用商品推介技巧	L3
				10－02－04	使用语言技巧	L3
				10－02－05	识别影响顾客购买的影响因素	L3
11	处理顾客异议	11－01	判断顾客异议的原因	11－01－01	识别顾客自身的原因（购买力、购买习惯、购买决策权、对商品不了解、对企业或品牌有成见等）	L3
				11－01－02	明确销售人员的原因（自身形象、不恰当描述、使用过多专业术语、不了解顾客真实需求等）	L3
				11－01－03	辨别商品的原因（质量、价格、品牌、包装、销售服务等）	L3
				11－01－04	明确服务环节的原因	L3
				11－01－05	辨别企业的原因	L3
		11－02	熟知顾客异议的处理方法	11－02－01	把握顾客异议处理的原则（积极面对异议；对于异议，处理第一，机会第二；防范于未然）	L3
				11－02－02	运用异议处理方法（转折处理法、转化处理法、以优补劣法、委婉处理法、合并意见法、反驳法、冷处理法、强调利益法、比较优势法、价格对比法、价格分解法、反问法等）	L3

续上表

工作项目/职业素养		工作任务/职业素养分类		职业能力（知识、技能、方法、工具、要求）		学习水平 高职 Lj
11	处理顾客异议	11－02	熟知顾客异议的处理方法	11－02－03	做好事前准备	L3
				11－02－04	选择适当时机	L3
				11－02－05	避免与顾客争辩	L3
				11－02－06	给顾客留“面子”	L3
				11－02－07	积极回应顾客	L3
		11－03	熟悉顾客异议的处理步骤	11－03－01	确定顾客异议的重点	L3
				11－03－02	选择合适的处理方式	L3
				11－03－03	表示同感或称赞	L3
				11－03－04	处理好细节	L3
				11－03－05	回到销售环节	L3
				11－03－06	反馈确认无异议后继续进行销售	L3
12	达成交易	12－01	识别成交信号	12－01－01	识别顾客表情成交信号	L3
				12－01－02	识别顾客语言成交信号	L3
				12－01－03	识别顾客行为成交信号	L3
		12－02	抓住成交机会	12－02－01	学会识别成交机会，反复尝试成交	L3
				12－02－02	征询顾客意见	L3
				12－02－03	从较小的问题着手	L3
				12－02－04	给顾客直接意见	L3
				12－02－05	替顾客做决定	L3
				12－02－06	运用沉默给顾客制造购买的心理压力	L3
				12－02－07	给顾客制造一种机不可失的紧迫感	L3
		12－03	运用成交方法	12－03－01	运用请求成交法	L3
				12－03－02	运用假定成交法	L3
				12－03－03	运用选择成交法	L3
				12－03－04	运用次要问题成交法	L3
				12－03－05	运用优惠成交法	L3
				12－03－06	运用保证成交法	L3
				12－03－07	运用从众成交法	L3
				12－03－08	运用机会成交法	L3
				12－03－09	运用异议成交法	L3
				12－03－10	运用先使用后付款成交法	L3

续上表

工作项目/职业素养		工作任务/职业素养分类		职业能力（知识、技能、方法、工具、要求）		学习水平 高职 Lj
13	安排付款	13－01	使用收银设备	13－01－01	使用收银设备快速结账	L1
		13－02	熟记商品条码	13－02－01	了解商品条码的编码规律	L1
				13－02－02	记住商品条码	L1
		13－03	熟悉门店促销活动	13－03－01	熟悉门店当期各种促销活动	L1
				13－03－02	了解促销商品、促销组合的结算方式	L1
		13－04	选择付款方式并结算	13－04－01	收付现金（鉴别伪币，正确找零）	L1
				13－04－02	熟知借记卡、信用卡、储值卡、微信、支付宝等支付方式的相关设备使用、流程等	L1
				13－04－03	熟知合作商户联合促销活动等	L1
				13－04－04	熟知发票、收据的填写方法	L1
14	结束送客	14－01	欢送礼仪	14－01－01	告知顾客售后服务保障，让顾客安心消费	L3
				14－01－02	适机要求顾客转介绍和重复购买	L3
				14－01－03	正确使用欢送礼仪	L3
15	商品陈列与维护	15－01	利用陈列提升门店销售业绩	15－01－01	科学陈列商品吸引顾客眼球（陈列原则）	L3
				15－01－02	改变商品陈列激发顾客欲望（陈列方式）	L3
				15－01－03	巧用陈列技巧刺激顾客购买（黄金陈列、关联陈列、多点陈列、搭配陈列）	L3
		15－02	商品陈列的维护	15－02－01	控制排面量	L2
				15－02－02	合理使用陈列道具	L2
				15－02－03	预防和应对缺货	L2
				15－02－04	适应销售时段	L2
				15－02－05	配合应用 POP	L2
16	制订与实施促销计划	16－01	做好促销前准备	16－01－01	做好前期市场调研	L3
				16－01－02	制订促销方案	L3
				16－01－03	进行促销培训	L3
				16－01－04	制作 POP	L3
				16－01－05	备好促销资源	L3

续上表

工作项目/职业素养		工作任务/职业素养分类		职业能力（知识、技能、方法、工具、要求）		学习水平 高职 Lj
16	制订与实施促销计划	16－02	做好促销中的管控	16－02－01	进行促销宣传	L3
				16－02－02	把控好现场促销过程	L3
				16－02－03	激励与管理现场员工	L3
				16－02－04	适时调整现场活动	L3
		16－03	做好促销后的总结	16－03－01	分析促销目标达成情况	L3
				16－03－02	总结促销中的亮点与不足	L3
				16－03－03	表彰先进，树立标兵	L3
17	转变角色	17－01	管理型店长做什么	17－01－01	领会从销售到管理角色转变的工作重点	L4
				17－01－02	熟知管理的对象与工作内容	L4
		17－02	树立店长威信	17－02－01	提升管理能力和水平，做到专业	L4
				17－02－02	严格要求自己，以身作则	L4
				17－02－03	讲信用，说到做到	L4
				17－02－04	公私分明，一视同仁	L4
				17－02－05	坚强、乐观	L4
				17－02－06	敢于在员工面前承认错误，承担责任	L4
		17－03	提升店长目标管理能力	17－03－01	处理信息与综合分析	L4
				17－03－02	设置目标	L4
				17－03－03	进行客观的自我评价	L4
				17－03－04	制订计划与分解计划	L4
				17－03－05	跟踪落实	L4
				17－03－06	检查总结	L4
				17－03－07	解决冲突	L4
		17－04	提升店长自我管理能力	17－04－01	进行自我认知与评估	L4
				17－04－02	进行自我完善	L4
				17－04－03	养成良好的习惯	L4
				17－04－04	形成自主学习、主动成长的行为模式	L4
				17－04－05	进行有效的时间管理	L4
				17－04－06	妥善调节压力、情绪	L4

续上表

工作项目/职业素养		工作任务/职业素养分类		职业能力（知识、技能、方法、工具、要求）		学习水平 高职 Lj
18	门店布局与规划	18－01	门店布局	18－01－01	选择门店布局方式	L4
				18－01－02	根据门店位置的优劣布局	L4
				18－01－03	根据商品性质进行布局	L4
				18－01－04	根据磁石点理论布局	L4
				18－01－05	根据顾客的购买顺序与购买频率布局	L4
				18－01－06	根据顾客的其他心理因素调整布局（价格防备心理、隐私心理、避免购物干扰的心理等）	L4
		18－02	门店布局调整优化	18－02－01	调整门店布局的依据	L4
				18－02－02	调整门店布局的好处	L4
				18－02－03	分析门店布局管理效率	L4
		18－03	实现门店布局诱导	18－03－01	把握布局磁石点原则	L4
				18－03－02	合理设计和利用磁石点	L4
				18－03－03	把握客动线设计的原则	L4
				18－03－04	设计客动线	L4
19	门店商品管理	19－01	确定门店商品组织结构	19－01－01	了解商品品类相关概念	L4
				19－01－02	设计商品结构的宽度和深度	L4
				19－01－03	设计商品结构层级	L4
				19－01－04	辨别影响品类定义的因素（零售商定位、消费者需求、购买者购买决策树、品类发展趋势、零售商管理要求等）	L4
				19－01－05	清楚商品组织结构表的操作步骤（业态定位、目标顾客及其需求、供应商、竞争情况等）	L4
				19－01－06	选择适合门店的商品组织结构	L4
		19－02	商品组合单品配置	19－02－01	确定小分类单品数量（业态定位、门店面积、品类角色、竞争对手等）	L4
				19－02－02	定位商品结构的价格带	L4
				19－02－03	定位商品结构的包装规格	L4
				19－02－04	确定商品结构的品牌组合	L4

续上表

工作项目/职业素养		工作任务/职业素养分类		职业能力（知识、技能、方法、工具、要求）		学习水平 高职 Lj
19	门店商品管理	19－03	评估商品品类	19－03－01	评估品类发展趋势（增长潜力、消费趋势、购买行为等）	L4
				19－03－02	评估零售商销售表现	L4
				19－03－03	评估市场/竞争对手表现	L4
				19－03－04	评估供应商	L4
				19－03－05	按操作步骤开展品类评估（数据准备、数据分析、得出结论）	L4
		19－04	优化商品组合	19－04－01	淘汰相应商品	L4
				19－04－02	引进新品	L4
		19－05	商品价格管理	19－05－01	制订商品价格策略	L4
				19－05－02	选择商品定价方法（商品生命周期定价法、心理定价法、商品组合定价法等）	L4
				19－05－03	识别影响商品定价的因素	L4
				19－05－04	优化商品价格	L4
				19－05－05	调整促销商品价格	L4
		19－06	商品促销管理	19－06－01	清楚促销目的	L4
				19－06－02	选择商品促销方式	L4
				19－06－03	规划促销活动	L4
				19－06－04	选择促销商品	L4
				19－06－05	制订促销方案	L4
				19－06－06	促销活动执行与效果回顾	L4
		19－07	商品订货管理	19－07－01	清楚门店订货流程	L4
				19－07－02	制订订货计划	L4
				19－07－03	确定最佳订货量	L4
				19－07－04	确定成本目标	L4
				19－07－05	解决订货不当导致的问题	L4

续上表

工作项目/职业素养		工作任务/职业素养分类		职业能力（知识、技能、方法、工具、要求）		学习水平 高职 Lj
19	门店商品管理	19－08	商品验收管理	19－08－01	遵守门店商品验收制度	L2
				19－08－02	执行门店商品验收流程	L2
				19－08－03	验收入库	L2
				19－08－04	填写相关报表	L2
				19－08－05	处理异常情况	L2
		19－09	商品库存管理	19－09－01	遵守门店商品库存管理制度	L2
				19－09－02	执行门店商品库存管理流程	L2
				19－09－03	填写商品库存明细表	L2
				19－09－04	根据库存情况及时制订门店商品补货计划表	L2
				19－09－05	填写相应报表（入库表、出库表等）	L2
		19－10	商品安全与防损	19－10－01	保障卖场商品安全	L3
				19－10－02	分析门店商品损耗原因	L3
				19－10－03	把握商品损耗尺度	L3
				19－10－04	制订防损控制的措施	L3
				19－10－05	执行报损处理流程	L3
				19－10－06	实施盘点制度	L3
				19－10－07	填写相关报表	L3
20	门店销售管理	20－01	执行总部下达的销售计划	20－01－01	正确理解公司发展战略与销售目标	L4
				20－01－02	分解销售目标与任务	L4
				20－01－03	制订与实施门店销售计划	L4
				20－01－04	指导员工制订个人销售计划	L4
				20－01－05	策划组织实施相应的营销活动	L4
		20－02	执行总部下达的促销计划和促销活动	20－02－01	制订门店的具体实施方案	L4
				20－02－02	促销活动的组织与分工	L4
				20－02－03	促销活动的具体实施	L4
		20－03	掌握门店的销售动态	20－03－01	根据销售情况调整营销策略	L4
				20－03－02	向总部建议新商品的引进和滞销品的淘汰	L4
				20－03－03	实施动态销管策略	L4
				20－03－04	调整卖场布局和商品陈列	L4
				20－03－05	制订并实施有针对性的门店促销活动	L4

续上表

工作项目/职业素养		工作任务/职业素养分类		职业能力（知识、技能、方法、工具、要求）		学习水平 高职 Lj
20	门店销售管理	20－04	拓展销售途径	20－04－01	拓展团队业务	L4
				20－04－02	开发大客户业务	L4
				20－04－03	借助信息技术开辟新销售渠道	L4
		20－05	提升销售毛利	20－05－01	通过门店商品组合提升毛利	L4
				20－05－02	通过有效的商品陈列提升毛利	L4
				20－05－03	通过积极的销售习惯提升毛利	L4
		20－06	提升销售额	20－06－01	增加来客数	L4
				20－06－02	增加老顾客重复购买	L4
				20－06－03	提升客单价	L4
		20－07	营造门店销售氛围	20－07－01	恰当摆放店内促销广告	L4
				20－07－02	有效选择符合销售主体的音乐	L4
				20－07－03	有效控制门店热度	L4
				20－07－04	有效调节销售人员的工作状态	L4
21	门店人员管理	21－01	做好员工日常管理	21－01－01	考勤	L4
				21－01－02	仪容、仪表、服务规范执行	L4
				21－01－03	培训教育	L4
				21－01－04	人事考核、提升、降级、调动	L4
				21－01－05	监督、指导员工的业务操作	L4
		21－02	招聘	21－02－01	根据总部战略规划及门店具体情况，制订招聘计划	L4
				21－02－02	开展招聘活动、录用	L4
				21－02－03	总部根据门店需求派来新员工	L4
		21－03	分工	21－03－01	部门、人员合理分工	L4
				21－03－02	部门、人员相互协同	L4
		21－04	培训	21－04－01	制订培训计划	L4
				21－04－02	开展各种形式和内容的培训（岗位培训、产品培训、销售技巧培训、管理能力培训等）	L4
		21－05	考核	21－05－01	结合总部人员考核要求，根据门店实际情况制订考核制度，设定考核内容和方式	L4
				21－05－02	绩效考核、评估和激励	L4
				21－05－03	考核结果分析	L4

续上表

工作项目/职业素养		工作任务/职业素养分类		职业能力（知识、技能、方法、工具、要求）		学习水平 高职 Lj
22	门店社群关系管理	22－01	融入社群	22－01－01	向社区顾客做好门店的自我宣传	L4
				22－01－02	妥善处理顾客投诉和服务工作中所发生的各种矛盾	L4
				22－01－03	做好与门店周围社区的各项协调工作	L4
				22－01－04	参加所在社区的各项公益活动（与社区的部门、单位、学校和团体保持经常性的交流和和睦的关系）	L4
				22－01－05	挖掘、利用社区资源	L4
		22－02	扩大影响力	22－02－01	赞助社区公益项目	L4
				22－02－02	组织社区群众参与门店活动	L4
				22－02－03	营造社区商业文化	L4
23	门店服务管理	23－01	顾客服务管理知识	23－01－01	了解顾客服务管理理论，熟知顾客关系管理技巧	L4
				23－01－02	熟知增加顾客满意度的方法	L4
				23－01－03	明白营销人员需遵守的规则	L4
		23－02	管理顾客服务	23－02－01	督导及训练员工	L4
				23－02－02	制订顾客服务指标	L4
				23－02－03	分析及处理投诉个案	L4
				23－02－04	制订售前、售中、售后的顾客服务管理规范	L4
				23－02－05	服务质量跟踪	L4
		23－03	现场管理	23－03－01	规范服务礼仪	L4
				23－03－02	监督服务话术、技巧	L4
		23－04	投诉管理	23－04－01	制订客户投诉处理流程（客诉类型、处理流程、权限及授权）	L4
				23－04－02	落实流程执行力度	L4
				23－04－03	处理投诉（谈话、谈判技巧、礼仪）	L4
				23－04－04	填写投诉处理报告（规定格式）	L4
				23－04－05	追责（客户、品牌、供应商、公司、个人等）	L4
				23－04－06	提出改善措施，形成新的流程	L4

续上表

工作项目/职业素养		工作任务/职业素养分类		职业能力（知识、技能、方法、工具、要求）		学习水平 高职 Lj
23	门店服务管理	23－05	流程管理	23－05－01	制订、优化流程	L4
				23－05－02	依据流程开展培训	L4
				23－05－03	抽查流程实施过程	L4
				23－05－04	模拟—分析—总结—改善	L4
				23－05－05	安排暗访、明访、电话回访，继续 PDCA	L4
				23－05－06	流程违规惩罚及纠偏	L4
24	门店客源管理	24－01	建立完善客户档案	24－01－01	使用信息技术建立客户档案	L4
				24－01－02	挖掘客户信息，进行有效过滤	L4
				24－01－03	有效地与客户沟通，建立良好的客户关系	L4
		24－02	开发新顾客	24－02－01	及时了解市场及顾客需求动态	L4
				24－02－02	向潜在顾客推荐产品	L4
				24－02－03	通过不同营销渠道扩大顾客服务	L4
		24－03	提高顾客满意度	24－03－01	树立质量和品牌优势，提升企业形象	L4
				24－03－02	做好服务	L4
				24－03－03	重视声誉塑造	L4
				24－03－04	做好和顾客的沟通交流，满足顾客需求	L4
				24－03－05	创造顾客惊喜	L4
				24－03－06	及时妥善处理顾客抱怨	L4
		24－04	提高顾客忠诚	24－04－01	建立员工忠诚	L4
				24－04－02	确定顾客价值取向	L4
				24－04－03	实践 80/20 原则	L4
				24－04－04	保持沟通渠道畅通、便利	L4
				24－04－05	高效快捷解决问题	L4
				24－04－06	提供客户感兴趣的新信息	L4
				24－04－07	针对同一顾客使用多种服务渠道	L4
				24－04－08	持续地提升产品和服务品质	L4
		24－05	挽回流失顾客	24－05－01	调查分析顾客流失原因（价格、便利性、产品、品牌、替代品、服务等）	L4
				24－05－02	有针对性地持续改进	L4

续上表

工作项目/职业素养		工作任务/职业素养分类		职业能力（知识、技能、方法、工具、要求）		学习水平 高职 Lj
25	门店营销管理	25－01	了解市场	25－01－01	了解市场调研方法	L4
				25－01－02	熟练使用调研工具	L4
				25－01－03	分析调研结果	L4
		25－02	把握顾客需求	25－02－01	分析消费者观念	L4
				25－02－02	分析消费者购买欲望、动机、能力、方式、地点、时机	L4
				25－02－03	准确把握消费者行为	L4
		25－03	制订市场定位策略	25－03－01	分析目标市场	L4
				25－03－02	细分市场	L4
				25－03－03	市场选择	L4
				25－03－04	目标市场定位	L4
		25－04	制订营销组合策略	25－04－01	制订产品策略	L4
				25－04－02	制订价格策略	L4
				25－04－03	制订渠道策略	L4
				25－04－04	制订促销策略	L4
		25－05	编制营销计划	25－05－01	分析营销现状	L4
				25－05－02	发现问题与机会	L4
				25－05－03	确定营销目标	L4
				25－05－04	运用营销策略，编写营销计划书	L4
26	商业模式选择	26－01	商业模式透视	26－01－01	识别商业模式的盈利模式	L5
				26－01－02	分析竞争力和优势来源	L5
				26－01－03	判断商业模式为谁创造价值，如何创造价值	L5
				26－01－04	辨别与竞争对手的差异性	L5
				26－01－05	制定时间、空间和规模的目标	L5
		26－02	商业模式选择	26－02－01	明确自身定位	L5
				26－02－02	分析客户需求	L5
				26－02－03	增强体验式消费	L5

续上表

工作项目/职业素养		工作任务/职业素养分类		职业能力（知识、技能、方法、工具、要求）		学习水平 高职 Lj
26	商业模式选择	26－03	商业模式画布设计	26－03－01	能进行客户细分	L5
				26－03－02	为细分客户创造价值	L5
				26－03－03	设计沟通渠道，向客户传递价值主张	L5
				26－03－04	了解进行客户关系管理的方法	L5
				26－03－05	确定核心资源	L5
				26－03－06	识别关键业务	L5
				26－03－07	确定合作伙伴	L5
				26－03－08	控制成本	L5
		26－04	打造样板店	26－04－01	了解样板门店标准建立的流程	L5
				26－04－02	了解总部的工作内容（体系搭建、薪资体系、组织架构、流程制度等）	L5
				26－04－03	了解门店的工作要点（商品结构、价格体系、单品管理、品类管理、商品陈列、门店经营定位、卖场布局设计、动线设计、营销策略、卖场氛围营造、损耗控制、定价策略等）	L5
27	门店选址与商圈分析	27－01	门店选址	27－01－01	了解立地调查的内容	L5
				27－01－02	领会立地调查的要点	L5
				27－01－03	开展市场调查（顾客调查、竞争对手等）	L5
		27－02	门店商圈调查	27－02－01	了解商圈的构成及顾客来源	L5
				27－02－02	确定影响商圈范围的因素	L5
				27－02－03	进行商圈评价	L5
				27－02－04	进行商圈环境分析	L5
				27－02－05	熟知商圈调查流程	L5
				27－02－06	确定商圈调查内容	L5
		27－03	门店选址确定	27－03－01	了解店址确定的程序	L5
				27－03－02	进行销售预测	L5
				27－03－03	了解选择理论	L5

续上表

工作项目/职业素养		工作任务/职业素养分类		职业能力（知识、技能、方法、工具、要求）		学习水平 高职 Lj
28	门店投资开发可行性分析	28－01	可行性研究内容	28－01－01	了解宏观环境分析的内容	L5
				28－01－02	了解商圈行业概况	L5
				28－01－03	完成商圈市场需求情况调查与预测	L5
				28－01－04	进行商圈主要竞争状况调查分析	L5
				28－01－05	进行业态选择与经营规模分析	L5
				28－01－06	进行选址分析	L5
				28－01－07	进行卖场布局策划	L5
				28－01－08	进行门店经营策略分析	L5
				28－01－09	进行投资估算与筹资方案分析	L5
				28－01－10	进行经济评价	L5
				28－01－11	得出门店开发可行性结论	L5
		28－02	可行性环境分析	28－02－01	了解门店投资开发环境分析的内容	L5
				28－02－02	运用环境分析的方法	L5
		28－03	投资构成分析	28－03－01	了解门店所需资产及其投资构成	L5
				28－03－02	进行门店投资规模估算	L5
		28－04	经济评价	28－04－01	了解评价的内容	L5
				28－04－02	了解评价的程序	L5
				28－04－03	进行门店开发财务营利能力分析	L5
29	打造优秀团队	29－01	组建、优化团队	29－01－01	结合企业经营规划，提出用人需求	L5
				29－01－02	团队结构调整（招、用、留、育人）	L5
				29－01－03	职业愿景规划	L5
				29－01－04	熟知马斯洛需求层次论、木桶原理等团队管理理论	L5
		29－02	绩效管理	29－02－01	制定、量化 KPI 指标及薪资方案	L5
				29－02－02	解读 KPI 及薪资方案	L5
				29－02－03	监督、核实、分析 KPI 指标的完成情况	L5
				29－02－04	核实及公布同岗位绩效	L5

续上表

工作项目/职业素养		工作任务/职业素养分类		职业能力（知识、技能、方法、工具、要求）		学习水平 高职 Lj
29	打造优秀团队	29－03	团队教练及辅导	29－03－01	分析培训需求	L5
				29－03－02	制订培训计划（主题、对象、时间、地点、授课方式、授课人、方式方法、资料等）	L5
				29－03－03	组织培训资源	L5
				29－03－04	监督培训执行（签到表、访谈、考核）	L5
				29－03－05	总结评估培训效果	L5
		29－04	员工满意度	29－04－01	家庭访谈、特殊员工关注、团队活动、个别谈话	L5
				29－04－02	员工满意度调研	L5
				29－04－03	设计员工职业晋升通道	L5
				29－04－04	定期的晋升考核	L5
				29－04－05	评选、表彰、表扬优秀员工	L5
				29－04－06	设置服务年限奖（工龄工资）	L5
				29－04－07	团队文化建设（共同愿景、目标、价值观）	L5
				29－04－08	情绪掌控（观察、安抚）	L5
		29－05	打造优秀团队	29－05－01	增加团队凝聚力	L5
				29－05－02	提高团队执行力	L5
				29－05－03	提升领导力	L5
				29－05－04	处理好团队内外冲突	L5
30	塑造门店特色文化	30－01	门店文化认知	30－01－01	了解门店文化构成的要素	L5
				30－01－02	了解 CIS 的理念	L5
		30－02	门店文化设计	30－02－01	了解外观设计原则与方法	L5
				30－02－02	了解外观设计的要素	L5
				30－02－03	把握门店整体形象设计的要素	L5
		30－03	门店文化落地	30－03－01	了解开业推广的内容	L5
				30－03－02	把握门店开业推广的关键要素	L5
				30－03－03	按照运营标准持续经营并不断改进	L5

续上表

工作项目/职业素养		工作任务/职业素养分类		职业能力（知识、技能、方法、工具、要求）		学习水平 高职 Lj
31	提升门店经营能力	31－01	门店经营数据分析与诊断	31－01－01	优化商品品类——从商品销售数据进行分析（商品删除、引进新品）	L5
				31－01－02	进行科学订货——从库存及损耗数据进行分析	L5
				31－01－03	有效提高来客数——从零售管理4P角度分析	L5
				31－01－04	有效提高客单价——从零售管理4P角度分析	L5
				31－01－05	有效提升利润率——从零售管理4P角度分析	L5
				31－01－06	有效提高进店率——从零售管理4P角度分析	L5
				31－01－07	有效提高体验率——从零售管理4P角度分析	L5
				31－01－08	有效提高成交率——面对面顾问式导购	L5
				31－01－09	有效提高连单率——从人员推销技巧进行分析	L5
				31－01－10	有效提高回头率——从产品品质、服务进行分析	L5
		31－02	做好动态销管	31－02－01	了解动态销管的内涵	L5
				31－02－02	识别影响销售的因素	L5
				31－02－03	快速响应，制订动态销管措施	L5
		31－03	市场督导与管理	31－03－01	了解市场督导的内容	L5
				31－03－02	监督公司作业系统与规范的执行	L5
				31－03－03	指导公司作业系统执行	L5
				31－03－04	给予门店激励与鼓舞	L5
				31－03－05	有针对性地对门店进行指导，帮助店长提升经营能力与技巧	L5
				31－03－06	协助门店与各职能部门进行沟通	L5
		31－04	门店创新	31－04－01	运用最新的信息技术进行运营管理	L5
				31－04－02	制订最能迎合消费者需求的营销方案	L5
				31－04－03	不断为顾客创造惊喜	L5
				31－04－04	树立始终以顾客为中心的营销理念	L5
				31－04－05	了解增加顾客体验的方法与手段	L5

续上表

工作项目/职业素养		工作任务/职业素养分类		职业能力（知识、技能、方法、工具、要求）		学习水平 高职 Lj
31	提升门店经营能力	31－05	竞争战略	31－05－01	树立正确的竞争意识	L5
				31－05－02	识别门店的核心竞争力	L5
				31－05－03	选择适合门店的竞争策略	L5
				31－05－04	不断创新，避免采取低端的竞争手段	L5
32	职业素养	32－01	职业规划	32－01－01	有上进心	L2
				32－01－02	有清晰的个人职业规划	L2
				32－01－03	明白个人优劣势，并努力提升自身	L2
		32－02	沟通交流	32－02－01	领会上级意图	L2
				32－02－02	善于倾听，明白客户诉求	L2
				32－02－03	及时准确传递市场和客户信息到公司相关部门	L2
				32－02－04	善于发现问题，并及时反馈给对方	L2
				32－02－05	掌握沟通技巧	L2
				32－02－06	善于沟通，表达能力强（文字、口头），人际关系得当	L2
				32－02－07	具备较好的方案制订、汇报、总结能力	L2
		32－03	数字应用	32－03－01	能对基本的财务、统计报表进行分析	L3
				32－03－02	能使用办公软件进行数据统计	L3
				32－03－03	具备基本的成本意识	L3
		32－04	自我管理	32－04－01	自我学习、自我成长	L3
				32－04－02	学习行业知识、产品知识、管理知识、市场新趋势	L3
				32－04－03	能有效进行时间管理	L3
				32－04－04	能进行自我约束，有良好个人习惯	L3
		32－05	革新创新	32－05－01	有创新意识	L5
				32－05－02	思路灵活，解决问题思路清晰，有革新意识	L5
				32－05－03	能运营新技术、新方法提高效率	L5
				32－05－04	关注行业最新的发展动态	L3

续上表

工作项目/职业素养		工作任务/职业素养分类		职业能力（知识、技能、方法、工具、要求）		学习水平 高职 Lj
32	职业素养	32－06	团队协作	32－06－01	有分工协作意识	L3
				32－06－02	能服从安排	L3
				32－06－03	集体荣誉感	L3
				32－06－04	能够共同完成团队任务	L3
				32－06－05	有凝聚力	L3
				32－06－06	能发现别人之所长	L3
				32－06－07	一视同仁	L3
		32－07	解决问题	32－07－01	能主动发现问题	L4
				32－07－02	正确认识问题	L4
				32－07－03	能及时反馈问题	L4
				32－07－04	形成解决问题的思路	L5
				32－07－05	能协调资源解决问题	L5
				32－07－06	有防范意识，避免问题发生	L4
		32－08	责任意识	32－08－01	安全防护意识	L3
				32－08－02	有责任心、能担当	L4
				32－08－03	教导下属	L4
				32－08－04	不隐瞒	L3
				32－08－05	帮助员工进行职业规划	L3
		32－09	组织能力	32－09－01	能合理分工	L3
				32－09－02	调动员工的积极性	L3
				32－09－03	组织团队活动	L3
		32－10	信息处理	32－10－01	对信息有敏锐的触觉	L3
				32－10－02	了解信息处理的方法	L3
				32－10－03	掌握一定的信息技术	L3
				32－10－04	正确应用信息	L3
		32－11	外语应用	32－11－01	基本的外语导购	L2
				32－11－02	基本能看懂外语产品说明	L2
		32－12	抗压能力	32－12－01	面对挫折，不气馁	L3
				32－12－02	能忍耐	L3
				32－12－03	在压力情况下，保持相对轻松的心态	L3

续上表

工作项目/职业素养		工作任务/职业素养分类		职业能力（知识、技能、方法、工具、要求）		学习水平 高职 Lj
32	职业素养	32 – 13	其他	32 – 13 – 01	吃苦耐劳，能接受加班、调休	L2
				32 – 13 – 02	性格开朗	L2
				32 – 13 – 03	有包容心	L3
				32 – 13 – 04	任劳任怨，不怕辛苦	L2
				32 – 13 – 05	有牺牲精神（时间、精力）	L3
				32 – 13 – 06	耐得住寂寞	L3
				32 – 13 – 07	爱岗敬业	L3
				32 – 13 – 08	积极主动	L3
				32 – 13 – 09	服务意识强，服务态度好	L3

注：“学习水平”的中职 L*i* 的 *i* 对应职业生涯发展路径中中职的发展层次，若是第Ⅱ等级层，则用 L2 表示；若是第Ⅲ等级层，则用 L3 表示。同理，高职 L*j* 的 *j* 对应职业生涯发展路径中高职的发展层次，若是第Ⅲ等级层，则用 L3 表示；若是第Ⅳ等级层，则用 L4 表示。本科 L*b* 的 *b* 对应职业生涯发展路径中本科的发展层次，若是第Ⅳ等级层，则用 L4 表示；若是第Ⅴ等级层，则用 L5 表示。

2. 广东省教育厅相关文件

广 东 省 教 育 厅

粤教职函〔2018〕120号

广东省教育厅关于公布2017年省高等职业教育专业教学标准和课程标准研制项目结题验收结果的通知

各地级以上市教育局，各高等职业院校：

根据《广东省教育厅办公室关于开展2017年高等职业教育专业教学标准和课程标准研制项目结题验收工作的通知》（粤教职办函〔2017〕34号），经资料评审、会议评审、公示等环节，确定《现代学徒制高职市政工程技术专业教学标准的研制项目》等28个项目（详见附件）通过结题验收，现将验收结果予以公布。

附件：2017年高等职业教育专业教学标准和课程标准研制项目结题验收结果

广东省教育厅

2018年7月27日

附件

2017年高等职业教育专业教学标准和课程标准研制项目结题验收结果

序号	项目名称	项目牵头单位	项目负责人	验收结果
1	现代学徒制高职市政工程技术专业教学标准的研制项目	广州番禺职业技术学院	叶雯	优秀
2	医学美容技术专业现代学徒制教学标准研制	清远职业技术学院	吴琼	优秀
3	高职本科一体化计算机应用技术专业（嵌入式技术应用）教学标准研制与实践	广东科学技术职业学院	李力	良好
4	应用电子技术专业现代学徒制教学标准研制与实践	广东科学技术职业学院	王红梅	良好
5	高职黑色冶金技术专业现代学徒制教学标准研制	广东松山职业技术学院	罗国民	良好
6	机电设备维修与管理专业现代学徒制教学标准研制	广东松山职业技术学院	杨宇	良好
7	现代学徒制皮具艺术设计专业教学标准研制与实践项目	广州番禺职业技术学院	张来源	良好
8	现代学徒制高职市场营销专业教学标准的研制项目	广州番禺职业技术学院	阚雅玲	良好
9	电子信息工程技术专业教学标准研制项目	中山职业技术学院	闫胜利	良好
10	制冷与空调技术专业教学标准项目	顺德职业技术学院	余华明	良好
11	应用化工（涂料技术）技术专业教学标准项目	顺德职业技术学院	周强	良好
12	机电一体化技术专业现代学徒制教学标准研制	清远职业技术学院	郭汉桥	良好
13	精细化工技术/化学工程与工艺高本衔接专业教学标准研制	广东轻工职业技术学院	揭雪飞	合格

序号	项目名称	项目牵头单位	项目负责人	验收结果
14	环境工程专业高本一体化教学标准的研究与实践	广东轻工职业技术学院	秦文淑	合格
15	基于国际标准的航海类专业“中高职衔接”教学标准研究与实践	广东交通职业技术学院	关腾飞	合格
16	基于现代学徒制人才培养模式的投资与理财专业教学标准研制与实践	广东理工职业学院	杨翠友	合格
17	汽车检测与维修专业现代学徒制专业教学标准项目	广东机电职业技术学院	李百华	合格
18	基于现代学徒制人才培养模式的高职汽车车身维修技术专业教学标准的研制	广东科学技术职业学院	孙宝文	合格
19	高职本科一体化药品生物技术专业教学标准研制	广东科贸职业学院	何敏	合格
20	运动训练高职本科一体化人才培养专业教学标准研制	广东体育职业技术学院	徐承建	合格
21	高职—本科一体化动漫制作技术专业教学标准项目	广东女子职业技术学院	谢盛嘉	合格
22	基于现代学徒制的计算机应用技术专业教学标准研制	广州铁路职业技术学院	林锦章	合格
23	借鉴国外先进经验，构建国际商务类专业教学标准	深圳职业技术学院	刘红燕	合格
24	基于现代学徒制人才培养模式酒店管理专业教学标准研制	佛山职业技术学院	余琳	合格
25	护理专业现代学徒制教学标准研制	清远职业技术学院	冼昶华	合格
26	电气工程及其自动化专业高职本科一体化人才培养专业教学标准研制	广东技术师范学院	周卫	合格
27	道路桥梁工程技术专业中职、高职和本科一体化专业教学标准研制	广东交通职业技术学院	徐凯燕	合格
28	社会工作专业教学标准研制	深圳职业技术学院	倪赤丹	合格

公开方式：依申请公开

3. 项目结题证书

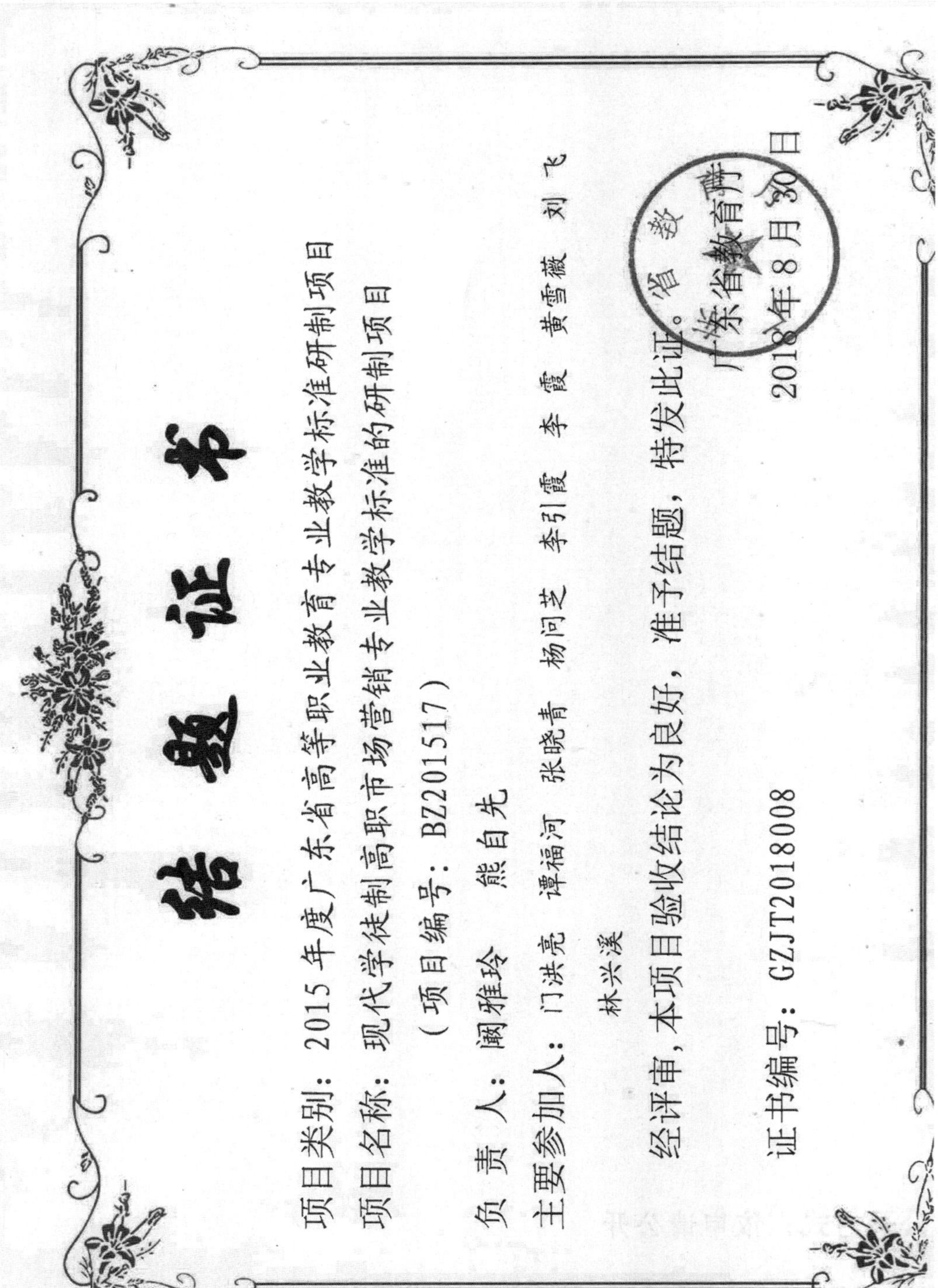

结题证书

项目类别：2015 年度广东省高等职业教育专业教学标准研制项目

项目名称：现代学徒制高职市场营销专业教学标准的研制项目

（项目编号：BZ2015517）

负 责 人：阚雅玲　熊自先

主要参加人：门洪亮　谭福河　张晓青　杨问芝　李引霞　李　霞　黄雪薇　刘　飞

林兴溪

经评审，本项目验收结论为良好，准予结题，特发此证。

广东省教育厅

2018 年 8 月 30 日

证书编号：GZJT2018008